玉村豊男のフランス式一汁…三菜

はじめに

映画『ゴッドファーザー』を観てから、死ぬときはトマト畑で倒れたいと思ってきた。ドン・コルレオーニは引退して田舎で暮らしている。よく晴れた日の昼下がり、ドンは日陰でワインを飲みながら、トマト畑で遊ぶ小さな孫を眺めている。そのうちに驚かせてやろうと思いつき、やおらオレンジの皮を口に咥《くわ》えて立ち上がると、怖い顔をして、おびえて逃げる孫と追いかけっこ……しているうちに、ばったりと倒れて死んでしまう。そしてあのテーマソングが、風に吹かれる白いテントの揺れに合わせてタリラタラリラ・タリラレラ〜と流れるのだ。

あんなふうに死にたいと、何度も書いたり言ったりしてきたが、最近までトマト畑が遠かったので、死にそうになってから駆けつけるのでは間に合わないと思っていた。それが去年から、自宅の台所のすぐ前の庭に、小さな家庭菜園をつくってトマトを植えたのである。あとは死ぬのを待つばかり……だが、なかなか死なない。

「毎日が最後の晩餐」は、まだ毎日続いています。食べるものはいつも同じ、つくる料理も代わり映えしないけれど、飽きずにまた同じようなレシピ&エッセイを書きました。題して、玉村豊男の『フランス式一汁三菜』。土を喰う日々でもなく、一汁一菜でもなく、馬鹿を言って笑いながら囲む、愉快な食卓。「一汁」の「汁」はワインです。

目次

人面トマト（鼻にピアスをした男）

第1章　シーシュポスの神話

アーティチョークはタヌキに食われた

若いということは、なんでもできるということだ。

人は何歳までを若いというのか知らないが、私が農業をはじめたのは45歳のときである。いま思うと、まだバリバリに若かった。

里山の上に引っ越してくる4年前、私は吐血して入院し、輸血で肝炎をもらった。急性の時期を過ぎると症状は安定して、その後も何回か数値が高くなって処置を受けたことはあるが、引っ越してきた頃にはふつうに働けるようになっていた。

といっても、農作業は人生で初めての経験だ。それまでは机に向かって字を書くだけの軟弱な仕事しかしていない。しかも、私たちが畑にしようとしている土地は何年も人の手が入っていない耕作放棄地だったので、畑をつくる前にまず開墾作業からはじめなければならなかった。

背よりも高い草を刈り、硬い粘土を掘り返し……なかでも畑の石拾いは大変だった。

もともと浅間山系の火山が大崩れしてできた地形なので、どこを掘っても石が出てくる。それも大きな石だ。さすがに重機でなければ掘り出せないような巨石は業者に頼んで処理してもらったが、畑の土地にはまだ大人が両手でようやく抱えられるかどうかという重い石がたくさん埋まっていた。

表面に出ている小さな石を拾った後、妻がトラクターに乗って土を掘り返す。トラクターの後部には回転する刃がついていて、それが土中の石に当たるとガ、ガ、ガッという音を立てる。

その音を聞きつけると、私は妻の後を追い、地上に顔を出した石の周囲の土を掘り、石を両手で抱えてよろよろとよろけながら畑の隅まで行き、邪魔にならない場所にその石を置く。そしてホッと一息ついていると、またガ、ガ、ガッという音が聞こえてくる。

今度は背後だから場所がどこか分からない。振り向くと、もう先へ進んでいるトラクターの上の妻が、後方を指して、あっち、と言っているようだ。トラクターの運転音がうるさくてよく聞こえない。どっち？　と私が無言で問い返すと、妻は顎をしゃくって方向を示す。

それを見て、だいたいの見当をつけ、歩いていくと石の一部が見えている。掘り、抱え、よろよろ歩き、ようやく畑の隅の石置き場まで運んで行って、ホッと一息ついていると、また、ガ、ガ、ガッという音が……。

この作業を1時間もやっていると、だんだん思考能力がなくなってくる。そうか、これが人を顎で使うということか、と最初は思ったが、そのうちに何も考えなくなり、ただ妻の言うなりに動く奴隷《どれい》のようになっていった。

この年の夏は、ほとんど雨が降らなかった。

高い空の上にいつも太陽が輝いていて、足の下には白く乾いた土が広がっていた。

同じような日が、ひと月は続いただろうか。

まさにシーシュポスの神話である。

神々の怒りを買ったシーシュポスは、大きな岩を休みなく転がして、ある山の頂まで運び上げるという刑罰を与えられた。あらんかぎりの力を傾けて巨大な岩を持ち上げ、転がし、ようやくそれを押し上げて山頂にまで達すると、次の瞬間、岩はそれ自体の重さで転がり落ちてしまうのだった。シーシュポスは何百回も繰り返し岩を山頂まで運び上げたが、そのたびに岩はたちまちはるか下のほうの世界へと転がり落ちていく。シーシュポスはその岩をじっと見つめ、再び平原へと降りていく……。

アルベール・カミュの哲学的エッセイ『シーシュポスの神話』の一節である。

無益な行為の、繰り返し。それが不条理な人生の象徴だと言うのだが、私は畑の石拾いに哲学的な瞑想を誘われたわけではなく、ただ、青い空の下に広がる白く乾いた土の上を動き回る自分を、まるで神話の世界の中にいるように感じていただけである。

石は拾っても拾っても切りがないのでだいたいのところで止めて、とりあえず粗っぽい畝《うね》を立てて種をまくことにした。

大根や白菜は近所の農家が分けてくれるだろうし、スーパーや農協の直売所へ行けばたいがいの野菜は手に入る。それならこのあたりではあまり手に入らない西洋野菜をつくろうと、私たちはパリの種苗店で買ってきた種をまくことにした。

ビーツ、根セロリ、ズッキーニ、リーク、フェンネル、アーティチョーク……手当たり次第に食べたい野菜の種を買ってきていたので、なんでもまいてみよう。よく晴れて雨の少ない土地で標高も高いから、フランスあたりの冷涼な気候で育つ野菜ならうまくできるはずだ。最初の畑でどこになにをつくったかは覚えていない。手に入った3500坪の農地の半分近くを畑にしたので手入れが間に合わず、どの野菜も生長しているはずなのに雑草に覆われて姿が見えない。

アーティチョークは、雑草をかき分けてようやく見つけたと思ったら4本のうち3本は頭がなかった。大きく育った花のつぼみを食べる野菜だから、きっと出たばかりの花芽を食われたのだろう。村の人に話したら、それはタヌキの仕業だな、といって笑われた。

ほうれん草イチゴと忘れられた野菜たち

頭を食われてあきらめたアーティチョーク以外は、だいたいうまく育った。面白いので毎年パリへ行き、たくさん種を買ってきた。当時はヨーロッパ諸国から植物の種を郵送で買うこともできたので、カタログを取り寄せて通販でも買った。

ちょうどフランスでは、「忘れられた野菜たち」というタイトルで珍しい野菜の種ばかりを集めたシリーズが人気になっていたので、行くたびに目新しい種を見つけるのが楽しみだった。セーヌ河畔にある種苗店では常連扱いになり、よほど大きな農場をもっているのだろうと思われていた。

忘れられた野菜たちの中で、いちばん珍しくていちばん不味《まず》かったのはエピナール＝フレーズだ。日本語に訳せば「ほうれん草イチゴ」。ほうれん草に似た大きな葉をつけ、花が結実するとイチゴのような果実が実る。緑の葉も赤い実も両方とも食べられるというのだが、観賞用ならともかく、はっきり言って両方ともほとんど味がなく、もう二度と食べたくない。

面白がってそんなことをやっているうちに、だんだん体力がついていった。

いつのまにか肩幅が広がり、広背筋や大殿筋も鍛えられた。

朝早くから起きて畑に出、暑さがきつい昼下がりは昼寝をしてやり過ごす。少し日射しが弱まるとまた外に出て、暗くなるまで野良仕事。石拾いからはじまる連日の労働は、一日の時間の使いかたを一変させた。

夕暮れが来れば、一日の仕事は終わりである。暗くなったら、やりたくても農作業はそれ以上できない。あとはシャワーを浴びてワインを飲み、料理をして食卓を囲むだけ。愉快に笑いながら食事を済ませ、テレビでも観ようかと思っているうちに眠くなる。

今日はよく頑張って仕事をした。今日やり残した作業は明日やろう。明日が雨なら仕事は休み。曜日も都合も関係ない。雨や風で作物が倒れても、お天道様の思し召し。ただ黙々と立て直し、また自然の力を借りて育てていく……。

単純明快な農業的価値観に、なるほどシーシュポスの神話とはこういうことだったのか、とようやく納得した。

なによりの楽しみは夕刻の白ワインだ。

シャワーを浴びて新しいシャツに着替え、一日の仕事の成果を眼下に見える畑でたしかめながら、冷蔵庫から取り出した白ワインを1杯。夕焼けが青い闇に代わる頃、2杯目を飲みながら料理にとりかかる。

午後のエネルギーを補給するため昼食には炭水化物を摂るが、労働を終えた後はタンパク質が必要だ。疲れ切って畑から家に戻ってきたとき、食卓にちまちまと和風の惣菜が並んでいるとテンションが上がらない。そう妻に言われたこともあり、また私自身にとっても農作業は筋トレのようなものだったから、洋風に料理した肉がメインになるのは自然の成り行きだった。

空腹だが疲労困憊《こんぱい》しているので、すぐメインディッシュにとりかかる元気はない。まず畑から採ってきた野菜で簡単な前菜をつくり、少し時間をかけて食欲を刺激する。

ワインを飲み、ワインを飲むときは水も飲むので、スープは要らない。

肉料理には野菜を付け合わせ、それでもまだ野菜が余っているので、もう一皿野菜の料理をつくるか、フランス式にレタスのサラダで食事を締める……。

前菜・主菜・野菜。汁の代わりにワイン。

我が家の「フランス式一汁三菜」は、農作業をはじめた頃のからだの要求から生まれたものだが、それが歳を取って「毎日が最後の晩餐」になってからも、量は減ったけれども同じようなかたちで続いている。

ヴィラデストのブドウ畑は、最初に植えた1992年の600坪から、
30余年後の現在は里山の上とその下の田沢集落で合計7ヘクタール（約2万坪）に達している

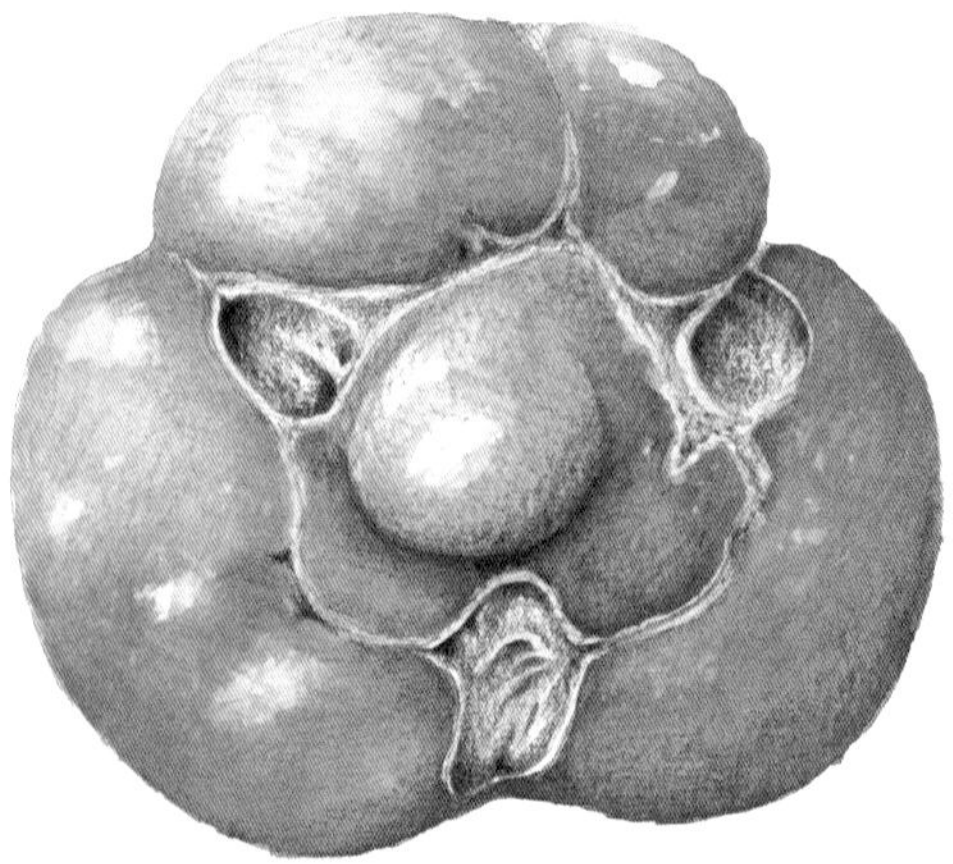

人面トマト（哀しい女）

第2章　まず冷蔵庫を開けて白ワイン

時間差で食べればコースになる

一汁三菜は和食の基本。

飯に汁、主菜1品に副菜2品で構成される食事形式で、飯と汁に添える3品の菜（おかず）は、刺身、焼き物、煮物など。香の物（漬物）は皿数に数えない……というのが決まりだが、一般の家庭では、主菜1品に栄養素の不足を補う副菜を2品、と数えるのがふつうだろう。

和食の場合、3品の料理といってもひとつずつ順番に出すのは料理屋さんだけで、家庭では飯も汁もほかの料理も、全部の皿を同時に卓上に並べる。大きな皿や鉢から取り分ける場合も同じことで、全部の料理を一度に出して、平面上に空間展開するのが日本式だ。

私の一汁三菜は、前菜、主菜、野菜、それにワイン。

チーズは皿数に数えない……と言いたいところだが、チーズは食前に料理をしながらハード系のチーズをつまむか、前菜代わりの野菜にフレッシュな白いチーズを加えるかで、フランス人のように食後にパンとチーズを（ご飯と漬物みたいに）食べることはめったにない。

料理だって、調理法はフレンチかイタリアンの真似事である場合が多いが、味つけは和風にしたり、箸で食べられるように盛りつけたり、とくに洋風にこだわっているわけではない。もちろんワインを飲む人は和食だって飲むから、それだけでフランス式とは言えないだろう。

フランス人は、時間差で食べる意識がこびりついている。

機内食のように、はじめから全部の料理がトレーに載っていても、まず前菜とおぼしき1品から手をつけ、それを食べ終えてからメインに移り……と、ひとつずつ順番に片づけていく。幕の内弁当を前にすると、どこから食べたらよいのか、と聞くフランス人が多い。日本人のように、適当に箸を伸ばして好きなものから食べるという、融通無碍《ゆうずうむげ》な振る舞いができないのだ。

家庭でも、フランス人は順番に食べる。

夕食のテーブルに家族が揃うと、まず冷蔵庫からハムでもパテでも茹でタマゴでも取り出して卓上に置き、それを前菜にパンを食べる。

その間にオーブンに肉をセットし、冷凍のフレンチフライをフライヤーにかけてスイッチを押す。そうすれば、おしゃべりをしながら前菜を食べているうちに、メインディッシュが出来上がる……。

これで食後にチーズか、果物か、あり合わせのお菓子かアイスクリームがあればそれを出して食べれば、毎日が前菜、主菜、デザートから成るコース料理である。

どんな料理でも、時間差で食べればコースになる。

昔、ある料理エッセイのコンテストで、審査員を務めたことがある。

日本人は、食事にかける時間が短いと言われます。我が家では、なんとかゆっくり食卓を囲みたいと思い、いままでいっぺんに出していた料理を順番に出すことに決めました。

コースの最初はスープと聞いたので、まず、味噌汁。味噌汁を食べ終わったら、肉か魚のお惣菜を出します。それを全部食べ終わったら、ご飯。いちおうお漬物は添えますが。この方式で、我が家の食事時間を30分以上延ばすことに成功しました……。

この家庭がその後どうなったか知らないが、画期的に愉快なアイデアで、読んだ途端に噴き出した。

そこまでして食事時間を長くする必要はないと思うが、たしかに順番に食べれば時間はかかる。時間をかけるのは、その分だけ食事の時間を楽しむためだ。昔の日本人は、黙って食え、と教えられていたので、平面に並べて時間を節約したのかもしれない。

もちろん同時に3品くらい並べるといっても、実際には作り置きの常備菜や煮物の残りなど手をかけずにそのまま出せるものがあるだろうから、それほど時間がかかるわけでもない。

一方で、一皿ずつ順番に出すのはサービス係がいるプロの店でなければ無理だろう、と考えるのも間違いだ。高級料理店のように6品も7品もそれ以上も出すのでない限り、フランスでは前菜（またはスープ）、主菜、デザート（チーズを含む）の3品でコースを構成するのがふつうだから、よほど手の込んだ料理でなければ、食卓を囲んでいっしょに食べながら、ときどき立って次の料理を運んでくることは苦にならない。

実際、「毎日が最後の晩餐」と言いながら3人で夕食をともにするようになってから、はじめのうちはとくに意識しなかったが、最近は、とりあえずまず1品、以前なら副菜（サイドディッシュ）にしていたような野菜の料理を、独立した前菜として出すことにしている。

それは、ひとりで台所に立ってガス台や電子レンジやＩＨヒーターの前を行き来しているうちに、時間を節約するためにオーブンを多用するようになって、これなら簡単に時間差で料理を出せると気づいたからだ。

30数年前の、まだ十分に若い頃、畑仕事だけして過ごしていたあの夏の日の夕刻。

その後はしばらくあれこれの仕事で忙しく、あの夏の日の豊かさを忘れていた。

それが歳を取ってヒマになり、コロナ禍もあって家にいる時間が増え、さらには台所の前に小さな家庭菜園をつくってみると、畑の大きさも私たちの体力も較べものにならないほど違っていても、あの懐かしい時間が戻ってきたように感じるのだ。

平面上に空間展開する和食に対して、時間差で食べるからフランス式……なにを語るときもつねに「フランスでは……」と言うのは「出羽守《でわのかみ》」といって嫌われることは承知の上だが、これも歳を取って原点に回帰する現象のひとつとして許してもらいたい。

楽しくなけりゃ食事じゃない

私は料理が好きだが、研究しているわけではない。

料理が好きだといっても、保存食品を仕込んだり、食材をこだわって厳選したり、特別に味にうるさかったりするわけでもない。

私はただ、自分の好きなように料理をつくって好きなように食べたいだけなのだ。幸い、いっしょに食事をする妻と妹は私の味に慣れているので、だいたいは美味しいと言ってくれる有難いお客さんだ。

ときどき、料理を食べながら反省することもある。この味は何か足りないな。あのときこうすればよかったな。その場で指摘しなくても、私が分かっていることは彼女たちにも分かっているから、その点は次につくるときに改善する。努力すると言えばその程度で、それ以上研究しようという気はない。私の料理は、台所に立っている1時間余りと、それを食べる1時間足らずの、合計2時間だけの楽しみなのである。

田舎に住んでいるからといって、「土を喰う日々」のような、自然に従う質実な食生活をしているわけではない。

もちろん週に2回は和食も食べるし、質素なおかずで食べるご飯の美味しさはよく知っている。でも、庭に生えているタラの木なら芽を摘むが、山へ分け入ってキノコやタケノコを探したりはしない。牛のゲップが温室効果ガスを発生するといっても代替肉のハンバーグを食べようとは思わないし、SDGsのために昆虫を食べる気にもならない。

『土を喰らう十二ヵ月』という映画を観て、一度だけ同じような精進の食卓を真似したことがあった。たしかに美味しかったし、心が洗われたような気もしたが、小さなステーキを食べた後ならもっと美味しかったのに……と思ったくらいだから救いがない。

一汁一菜がよいという人もいる。その一菜を一汁の中にぶち込んで、ご飯のほかには具だくさんの味噌汁だけあればよい、という説も人気を呼んでいる。でも本を読んでみたら、「お料理を作るのがたいへんと感じている人に読んで欲しい」と書いてあったので、私には関係がない本であることがすぐに分かった。

私は料理をつくる時間を楽しみたいし、みんなでその料理を囲んで、ワインを飲み、他愛のない話をしながら笑い合って過ごす、その時間を心から楽しみたい。翌日の朝も目が覚めなければ、それが最後の晩餐になるのだから。

野菜は皮ごと食べるのがよいと言われても、皮を剥きたいときは皮を剥く。

ニンジンの角を取るのは無駄だと言われても。きれいに料理したいときは角を取る。

ほうれん草の赤い根が甘いことは知っているが、土を取るのが面倒なときは切り落とす。

野菜の無駄が出ても、野菜農家は捨てた野菜が肥料になって次の野菜になると思っているから、あまり気にしないのだ。

その意味では私の本はなんの参考にもならないが、からだに悪いことをしても、地球に悪いことをしても、もう私たちは3人合わせて220歳になってしまった老人なので、なんとか勘弁してください。

さあ、そろそろ料理をする時間だ。

まず冷蔵庫を開けて、白ワインを取り出すところからはじめよう。

HORIATIKI

ギリシャサラダ

INGREDIENTS **3〜4人分**

- **トマト** 2個（200g）タテに4〜8等分してからそれぞれを斜め半分に切る
- **キュウリ** 1本（100g）トマトと同じくらいの大きさになるように乱切り
- **ピーマン** 1個（60〜70g）種と白い筋を除いて4mm厚程度の輪切りにする
- **タマネギ** 4分の1個（40〜50g）3mm厚程度にスライスして冷水に2〜3分以上浸け置き、軽く絞りながら取り出して水気を切る
- **フェタ** 80g 1.5cm角のダイスまたは1cm角で長さ2cm程度の直方体にカットする
- **ドレッシング**（オリーブオイル20g＋レモン汁10g＋塩少々、好みでニンニクも）
- **黒オリーブ**（種抜き瓶詰） 8〜10個
- **オレガノ（乾燥粉末）など香りづけ（または彩り）のハーブ類** 好みで適量

METHODE

❶ それぞれの野菜をカットしてからボウルに入れる
❷ レモンを搾り、オリーブオイルとよく混ぜてドレッシングをつくる
❸ ❷のドレッシングを❶の野菜にかけ全体をよく混ぜる
❹ フェタをカットし、❸のボウルに加えてざっくりと混ぜ合わせる
❺ フェタの塩味の程度により、野菜にどの程度塩を振ったらよいか判定して調味する

フェタはギリシャを代表するチーズで、羊乳および山羊乳《やぎにゅう》からつくられる。四角いかたちの白いフェタが水に入って売られているようすは、日本の豆腐にそっくりだ。ただしこの水は塩水で、塩蔵で保存されるためフェタは塩味が強い。使う前に冷水に浸けて塩抜きするのがふつうだが、最近は（日本で買える真空パックも含めて）塩抜きの必要がないほどマイルドになっている。ダイス（賽《さい》の目）に切って瓶に入れ、好みの香草とともにオリーブオイルに浸けておくと、そのままおつまみにもなるし料理にも使える。

フェタを塩抜きせずに使う場合はほかの野菜に加える塩を控えめにする。フェタの塩味が強いときはほかの野菜にまったく塩をしなくてもよいが、野菜といっしょにかならずフェタを口にするわけでもないので、その場合は事前に塩抜きするか、フェタを小さく砕いてドレッシングに（塩の代わりに）混ぜるかする。塩抜きする場合、塩を抜き過ぎると風味も失われるので、水に浸けながらときどき味を見て引き上げるタイミングを逃さないように。

なお、本来のギリシャサラダでは紫色のタマネギを使い、オレガノの乾燥粉末を加えるのが慣わしだが、香草は好みのものに代えればよい。今回はオレガノの生葉を散らした。

18-10
MADE IN FRANCE

CAESAR'S SALAD

シーザーサラダ

INGREDIENTS

- **ロメインレタス**　1人当たり30g程度
- **クルトン**　食パン1枚を1cm角に切る。8枚切り半斤で約40個（4人分）できる
- **パルミジャーノ**　適量。塊をすり下ろして粉末にする。市販の粉チーズでもよい
- **ペコリノ**（あれば）　適量。塊からピーラーで薄片に削り2cm幅くらいにカットする
- **タマゴ**　1人当たり1個　熱湯に入れて6分後に引き上げ冷水に取る
- **シーザードレッシング**（マヨネーズとヨーグルトを2：1の割合で混ぜる。アンチョビ1〜2尾をすり潰して加える）
- **オリーブオイル**　適量
- **ニンニク**（好みで）
- **黒コショウ**　適量

METHODE

❶ 食パンを1cm角に切って、たがいに重ならないようにバットに並べ、上からオリーブオイルをかけ回す。スプーンでパンの面を返しながら、オイルが足りなければ足して、パンのすべての面にオイルが滲みるようにする

❷ ❶のパンを180℃のオーブンで15分加熱する。ニンニクが好きな人はこのときニンニクのみじん切りを振りかける（オーブンを使わない場合は、オリーブオイルを入れたフライパンでパンを転がしながら揚げ炒めにする）

❸ ボウルにマヨネーズを入れてヨーグルトを加え、アンチョビをすり潰して混ぜ合わせる

❹ ロメインレタスの葉の端を切って長さを揃え、皿の中央に横たえる

❺ 全体に❷のクルトンを散らす

❻ 茹でたタマゴの殻を壊さないように慎重に剝き（白身が柔らかいので要注意）ロメインレタスの葉の中央に置く。タマゴの中央にナイフを入れてふたつに割る（黄身の一部が流れ出す）

❼ タマゴとその周囲に❸のドレッシングをかけ、上から黒コショウ、パルミジャーノ、ペコリノ（あれば）を散らす。ドレッシングとチーズが塩辛いのでそれ以上の塩は不要

シーザーサラダは、メキシコのレストラン「シーザーズ・パレス」のオーナー料理人シーザー・カルディーニが1924年につくった、ロメインレタスを特製ドレッシングで和えてクルトンを散らしたサラダ。ドレッシングのレシピにはさまざまなバージョンがあるが、オリーブオイル、レモン、ニンニクのほか、アンチョビと生タマゴ、粉チーズ（パルミジャーノ）、さらにはウスターソースとマスタードを加えるのが本式だという。上記の材料全部をよく混ぜ合わせたクリーミーなドレッシングで、大雑把にざく切りにしたロメインレタスを和え、上からクルトンをたっぷり散らして最後にパルミジャーノをもう一度振りかける……というのが、シーザーサラダの本場アメリカの一般的なやりかたである。

DE GARE

MUTABBAL

ナスのキャビア

INGREDIENTS

- **ナス**　３本（約300g）で３～４人分
- **ニンニク**　半片　強い刺激を避けたいときはあらかじめ茹でておく
- **タヒニ（白ゴマペースト）**　10～20g（量は好みで）
- **ヨーグルト**　50g
- **レモン**　搾り汁　小さじ１杯
- **オリーブオイル**　大さじ３杯
- **塩、赤コショウ**　適量

METHODE

❶ ナスをガス台に載せた網の上に置いて、直火で皮が焦げるまで焼き、皮を剝く

❷ ❶のナスは、ニンニクとともに、包丁で潰すかミキサー※に入れて攪拌する。硬さを見ながらヨーグルトとタヒニとレモン汁を加えて、さらに混ぜる。塩で調味。タヒニは和風の練りゴマで代用できるが、あっさりした味が好みなら省いてもよい

❸ ❷のペーストを鉢に盛り、オリーブオイルをたっぷりかけ回して、上から赤コショウを散らす

❹ 適当なパンを焼いたものにペーストを載せて食べる。お供に白ワインが必須

※「ミキサー」は、材料を攪拌する「ブレンダー」、「フードプロセッサー」などの総称と考えてください（本書では以下同じ）。

焼きナスのペーストは、トルコからシリア、ヨルダンなどの中東世界では、平焼きのパンに塗って食べるディップとして広く愛されている。ペーストにタヒニ（白ゴマペースト）を加えたものは「ムタッバル」、タヒニを加えずトマトやピーマンなどの生野菜を混ぜたものは「ババ・ガヌーシュ」など、地域によって名称とレシピはさまざまに変化する。

ミキサーで潰せば（キャビアに食感が似た？）滑らかなペーストになり、包丁で叩けば食感が残る。ヨーグルトも混ぜないで上に置いて崩しながらパンに塗れば、食べるたびに少しずつ味が変化する。そのあたりは好みで。中東ではトマトやザクロを飾ったり、クミンシードやスマックというシソ（ゆかり）に似た風味のスパイスを振りかけたりするが、私は彩りと調味を兼ねて赤コショウ（ローズヒップ）を散らしてみた。

ペーストを載せて食べるパンはどんなパンでもよい。イーストの入らない平焼きパンは簡単につくることができる（『晩餐２』P.165参照）が、西洋風にメルバトーストにするのも面白い。ごく薄く切った小さな食パンをカリカリに焼いたトーストのことをメルバトーストと呼ぶのは、1897年にロンドンのサヴォイホテルの料理長だったエスコフィエが、食欲のない人気オペラ歌手メルバのために考案したのが由来とされる。エスコフィエは、この数年前に桃のデザート「ピーチ・メルバ」を発表している。

MELON AU PORTO

ムロン・オ・ポルト

INGREDIENTS

・**小型メロン**　重さ500g以下の小型メロンが望ましい。1個で2人前
・**ポルト**　赤いポートワイン（ルビー、タウニーなど）メロンの種とワタをくり抜いた穴に入る量

METHODE

❶ 小型のメロンを真ん中から水平に切り、種とワタを取り除く。皿に載せたときに安定するように、底面（上下端）も少しカットする
❷ ❶のメロンを皿に置き、種とワタを取った後の穴にポルトを注ぐ

前菜と食前酒を兼ねた、夏の日にぴったりのクラシックな一品。フランスでは南仏カヴァイヨン名産のシャラント種（カンタループ）という、オレンジ色の果肉の小さなメロンを使うのが決まりだが、小さめのメロンなら青色系の果肉でもよいことにしよう。メロンが大きい場合は適当な大きさにカットしてガラス器に入れ上からポルト（ポートワイン）を注げばよいが、それではこの料理（?）の面白さが伝わらないし、前菜よりデザートのように見えてしまう（左ページのメロンは1kgなので、前菜にはやや大き過ぎてポルトの量も多い……）。

ポルトはポルトガル北部で伝統的につくられてきた酒精強化ワイン。ブドウ果汁がワインになる途中でアルコール（ブランデー）を加えて発酵を止めるので、糖が残って甘くなり、アルコール度数も高くなるので保存性がよい。私は自分の生まれ年（1945年）のポルトを持っていたことがある（もう飲んでしまった）が、ワインと較べると年代物でもはるかに安いので、ポルトガルへ旅行するたびに古いポルトを探していた。もちろんメロンといっしょに飲むのはもっとずっと安いふつうのメーカー品だ。

英国には食後にチーズとともにポルトを楽しむ習慣があるが、フランスではポルトは食前酒として飲むことが多い。メロンにポルトという組み合わせは、果物と酒の微妙な甘さの違いと重なりを楽しみながらアペリティフにもなるという、誰が考えたのか分からないが傑作というほかはない夏の前菜である。ポルト以外の甘味ブドウ酒を使うことはお奨めしないが、貴腐ワインでやってみたらこれはまた別の美味だった。

PORTO
OPKE
TAGE

CRESSON-BETTERAVE

ビーツとクレソンのサラダ

INGREDIENTS

- **ビーツ**　1個100g程度の小さいもの（正味80g）なら1個で1人分
- **クレソン**　皿に盛ったときにビーツと同じ程度のボリュームに見える量
- **オリーブオイル**　適量
- **ドレッシング**　オリーブオイル3：酢1の割合。塩少々、好みでニンニクも

METHODE

❶ ビーツは汚れとヒゲ根を取り、茎との境目はギリギリに切る。ただし皮は傷つけないようにしてそのまま残し、丸のままオーブンか電子レンジに入れる。大きさによるが、オーブンの場合は200℃で1時間以上、電子レンジの場合は10～20分ほど加熱する。熱さが収まったら指で皮を剝く
❷ 皮を剝いたビーツを、1～1.5cm角のダイスに切る
❸ ボウルにオリーブオイルと酢※を3：1の割合で入れて混ぜ合わせ、❷のビーツを加えて和えておく。味を見て塩で調味する
❹ クレソンはよく洗ってから水を切る
❺ ❸のビーツが入ったボウルに❹のクレソンを加えてざっくりと混ぜ合わせる

※サラダに使う「酢」は、最近の私は白バルサミコ酢を愛用しているが、ワインビネガーでも米酢でも中国の黒酢でも好きなものを使えばよいので、本書ではすべて「酢」とだけ表記しておく。レモン汁でもよいが、柑橘類を使うほうが望ましい場合はその旨を特記する。

近所のスーパーに行くと、いつもビーツが売れ残っている。正規の売り場に置かれているあいだに売れないと隅のほうにある特価品の棚に移されて、半分以下の値段になっているので、そういうときは置いてある全部のビーツを買い占める。どうしてみんな、こんな美味しい野菜を食べないのだろう。ビーツは、甜菜《てんさい》。甘い野菜、という意味だ。別名は砂糖大根。ビーツから砂糖をつくる技術はナポレオン時代のフランスで発明されたが、ヨーロッパでは古くから食用として利用されてきた。ウクライナが発祥とされるスープ「ボルシチ」にも欠かせない野菜である。

フランスでは、ビーツ（フランス語はベトラヴ）をダイスに切ってドレッシングで和えたものにマーシュという小さな葉を組み合わせるのが定番だが、マーシュが手に入らなかったのでクレソンで代用した。ビーツは羊乳や山羊乳のチーズと相性がよいので、フェタやシェーブルなどのチーズを添えてもよい。

FINGER-TORN ERYNGII MUSHROOM

エリンギの松茸仕立て

INGREDIENTS

- **エリンギ**　大きなもの1人当たり1～2本
- **柑橘（カボス、スダチ、レモンなど）**　適量
- **醤油**　適量

METHODE

❶ エリンギは石突の先端を切り取り、ガス台にかけた網に載せて直火で焼く。ところどころに焦げ色がつくまで焼いたら網から外して冷ます

❷ 焼いたエリンギの切断面に包丁で数ミリ程度の切れ目を入れ、そこを両手の指で持って繊維に沿ってタテに割く。大きさにもよるが、1本を5～6本に割いたら皿の上に並べる

❸ 食べるときに好みの柑橘類を搾ってかけ、醤油を垂らす

エリンギの専門家に、石突はどこまで食べられるのかと聞いたら、全部食べられます、という答えだった。が、少し細くなった先端は一部が茶色くなっていたりするので、菌床栽培の瓶口の跡がついているあたりかその少し上でカットする。タテに割くとマツタケのように割けるので、我が家ではこのやりかたを「エリンギの松茸仕立て」と呼んでいる。

マツタケと較べるとエリンギには弾力があり、水分も多いような気がするが、食べているうちになんとなくマツタケを食べている気分になる。マツタケのエッセンスを振りかければいっそうマツタケ感が増して本物に近づくが、そこまでやってはエリンギに可哀想。

ROASTED PUMPKIN

カボチャのロースト

INGREDIENTS

・**カボチャ**　何人分になるかはカボチャの大きさから考える
・**パン粉**　市販品（細かいものより粗いものがよい）カボチャの量に合わせて増減する
・**サワークリーム**　適量
・**オリーブオイル**　適量
・**塩**　適量

METHODE

❶ カボチャは（大きさによるが）全体を8等分程度に分割したものを買ってきて、種とワタを取り除き、硬い表皮を（緑色の部分を少し残しながら）削る
❷ ❶の状態のカボチャを薄片に切る。少し斜めに包丁を入れて、厚い部分が5～6mm、薄い部分は2～3mmになるよう、不均等に切ったほうが食感の変化があって面白い
❸ 切ったカボチャをガス台に載せた網の上で直火焼きにする。両面に少しずつ焦げ色がついたら網から外す（この段階では中まで火が通っていなくてよい）
❹ バットにパン粉を入れ、オリーブオイルをかけて全体に滲みさせてから200℃のオーブンで15分焼く
❺ 別のバットに❸のカボチャをたがいに重ならないように並べ（オリーブオイルは引かない）、塩を振ってから200℃のオーブンで15分焼く（❹と同じオーブンで同時進行できる）
❻ カボチャを皿に盛り、上から❹のパン粉を散らしてサワークリームを点々と置く

カボチャはときどき煮物にすることもあるが、スライスして網の上に並べ、ガス台の火で焼くことが多い。薄く切れば焼いただけで食べられるが、少し厚く切った場合はその後オーブンで加熱したほうがよい。焼いてつける焦げ目は食欲をそそるための仕掛けである。

VICHYSSOISE

ヴィシソワーズ

METHODE

❶ 長ネギの白い部分（と薄緑色の一部）をざく切りにする。ジャガイモは（大きなものは半分か四半分に切ってから）5mm厚の輪切りにする。ネギとジャガイモは重量比で同量が基本
❷ ❶の長ネギとジャガイモを深鍋に入れ、全体が被る分量のミルクを注いで、強火で一瞬沸騰させたらすぐに火を弱め、20分ほど煮る。ここで塩と白コショウを控えめに加えて調味する
❸ ネギとジャガイモをミキサーに移し、ミルクも加えながら全体が滑らかになるまで攪拌する
❹ 鍋の中にミキサーの内容物を戻し、必要ならスープの濃度になるまでミルクを加えて、中火で5分ほど加熱する。火を止めてから好みの量の生クリームを加え、塩が足りないようなら追加する
❺ 室温まで戻ったら冷蔵庫に入れ、食べる前に1時間以上寝かせる。食卓に出す前にチャイブ（アサツキ）を刻んで散らすのが慣わしになっている

ヴィシソワーズと呼ばれる長ネギとジャガイモの冷製スープには、ポワローまたはリークという太くて短い西洋ネギを使うが、日本では下仁田《しもにた》ネギか、ふつうの長いネギのなるべく太いのを使えばよい。長ネギとジャガイモを（ときにはタマネギも加えて）バターで色づかないように炒めてから水で煮て、最後に生クリームをたっぷり加えるのが西洋式だが、私は最初からミルクで煮ることにした。

GRATIN DAUPHINOIS

グラタン・ドーフィノワ

METHODE

❶ ジャガイモは（大きなものは半分か四半分に切ってから）5mm厚の輪切りにする
❷ ❶のジャガイモを深鍋に入れ、全体が被る分量のミルクを注いで、強火で一瞬沸騰させたらすぐに火を弱め、ジャガイモが軟らかくなるまで20分ほど煮る
❸ ❷の鍋を強火でいったん沸騰させた後、弱火にして、生クリームと粉チーズを加え、絶えず掻き回しながら（底が焦げつかないように注意して）20分ほど煮る。塩と白コショウで調味する
❹ 耐熱容器の内側にニンニクをこすりつけてから❸の内容物を容器に移し、上にバターの塊を置いて、粉チーズを振りかける。蓋をして180℃のオーブンで1時間焼いてから、蓋を取って220℃で表面に焼き色がつくまで焼く

分量は耐熱容器の大きさに合わせて。生クリームは省略してもよい。

ガーデンにある緑の小屋は
ポッティング・シェッドと呼ばれる、
庭仕事のための道具や植木鉢などを
しまっておく小屋。
スタッフ全員の手づくりです

草刈り要員のヤギ子は
ヴィラデストの人気者

東側の森から朝日が昇るときの光。
東側が森に覆われているので、
朝日はよく見えない

夕焼けは、一日として同じものがない。
刻々と変化するので、気づいたときにはすでに
シャッターチャンスを逃していることが多い。
そういうときは、ただ茫然と眺めるだけ……

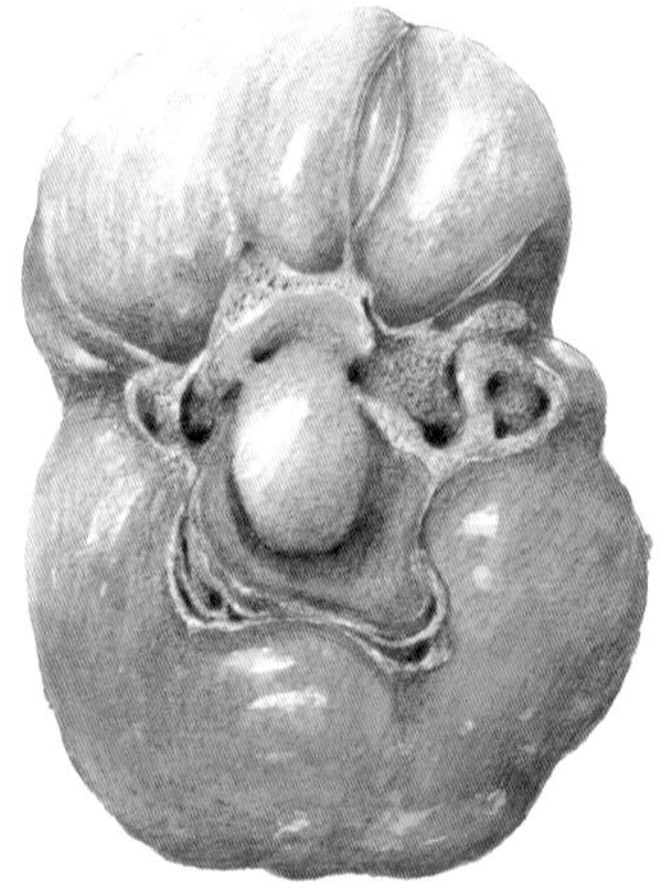

人面トマト（瘤瘤持ち）

第３章　家庭菜園から前菜へ

尻の腐ったトマトが美味い

最初にブドウの樹を植えたのが1992年。その苗が育つのを待つ間、農業収入を得るために植えたのがトマトだった。

支柱を立てず、地に這うように枝葉を伸ばす、ジュース加工用のトマトである。毎朝5時前に起きて約2時間、完熟した実だけを選んで100キロほど収穫する。太陽が昇って暑くなる前に家に戻り、朝食を済ませた後、また2時間ほどかけてすべてのトマトのヘタを取り、20キロのコンテナに入れて農協に出荷する。農協からの支払いはコンテナ1個で900円。2人で4時間働いて4500円である。しばらくは東京でタクシーに乗ってもメーターの数字をトマトの値段に換算して、途中で降りて歩くこともあった。

加工用といっても、そのまま食べても美味しい。とくに加熱すると美味しくなるので、途中から農協への出荷は止めて、毎日自分たちで搾り、鍋で煮詰めてピューレをつくることにした。

1994年のトマトはとりわけ美味しかった。

この年は記録的な冷夏の翌年で、ほとんど雨が降らない、極端に乾いた猛暑だった。私たちは加工用のトマトのほかにイタリアやフランスの生食用品種もつくっていたが、どれも赤く甘く味が濃く、この年のレベルを超えるトマトはその後できていない。中でも、いまも思い出すほど美味しかったのは尻腐れ病のトマトだった。

果実はヘタに近い（枝に繋がる）膨らみの部分を「肩」と呼び、先端に近いほうを「尻」と言うのだが、トマトも過度の高温と乾燥に晒されると栄養吸収のバランスが崩れ、尻の部分が黒くなる。まず先端に近いところに黒くて硬い斑点のようなものができ、壊死《えし》した部分から崩れて黒変が広がる。半分くらい真っ黒になってしまうトマトもある。

もちろんこんなトマトは出荷できないし、料理にも使いにくい。が、残された赤い部分を食べてみると、目を見張るほど甘いのだ。おそらく自らの病変を補うために、残った部分にすべてを凝縮しようと懸命に努力するのだろう。甘くて、味が濃くて、この世にこんな美味しいトマトがあるのかと思った。

最近は温暖化のため雨が多くなり、原産地である南米高地のような乾燥は望めなくなった。

雨の多い年のトマトは味が薄い。雨が降った後に収穫したトマトも、水膨れする分だけ味が薄くなる。

だから家庭菜園でトマトがたくさんできる時期は、毎日せっせとオーブンで焼くことにしている。大玉のトマトでもミニトマトでも、オーブンで焼けば確実に美味しくなる。水分が減る分だけ味が凝縮するからだ。こうすれば雨の日のトマトも甘く濃くなるし、もともと甘くて味の濃いトマトはさらに一段階レベルが上がる。

うまく焼けて食欲をそそる焦げ色がついた焼きトマトは、それだけでレストランの前菜としても成立する。

ROASTED TOMATO

トマトのロースト

INGREDIENTS

- **トマト**　1個100g前後の中型を10個の場合、20×27cmのバットを使用
- **オリーブオイル**　適量
- **塩**　適量

METHODE

❶ トマトはよく洗ってから水気を拭い、ヘタを取ってから横半分に切って、切断面を上にしてバットに並べる。バットにはあらかじめオリーブオイルを垂らして、指で全面に延ばしておく。トマトの下になるほうは、置いたときに座りがよいように、少しだけ切り取っておくとよい

❷ バットの中に押し込むようにトマトを並べる。焼けると体積が縮むので、最初はたがいが一部重なり合うくらいでちょうどよい。バットにトマトが詰まったら上からやや多めの塩を振り、そのまま1～2時間放置してトマトから水分が出るのを待つ

❸ ❷のトマトの上からオリーブオイルをまんべんなくかけ回して、200℃のオーブンに入れて1時間加熱する。途中30分くらい経ったところでようすを見て、加熱にむらがあるようならバットの位置を変えてみる。だいたい1時間でバットの中の水分はほぼ蒸発するが、まだ汁気が多いようならさらに30分加熱する。この頃になると一部に焦げ色がついてくる。適当な焦げ色は食欲をそそるが、あまり焦げ過ぎそうな場合はアルミホイルを上からかけて焦げを止める

❹ オーブンから取り出したら、バットの底に残っている蜜状のペースト（トマトから出た水分と糖分がオリーブオイルと合体したもの）を、刷毛《はけ》を使って切断面に塗り、そのまま冷やして保存する

トマトを切って切断面に塩を振っておくと、かなりの水分が滲出する。そのままオーブンに入れて焼くとトマトからはさらに水分が出て、バットの中は焼いているというより煮ている状態になる。が、さらにそのまま加熱していくとそれらの水分は蒸発して、最後はバットの底に蜂蜜のようなペーストが残る。

ローストしたトマトはこれだけで立派な前菜になるし、白いチーズ（モツァレラやリコッタ）と合わせてもよい。もちろんパスタにしてもよいが、肉や魚の付け合わせに使うことはお奨めできない。味が濃いので、何を食べてもトマトが主役になってしまうからだ。

右の写真は、焼きトマトのカプレーゼ。モツァレラチーズの間に焼きトマトと刻んだバジルの葉を挟んで、飾りにバジルの葉を載せた。

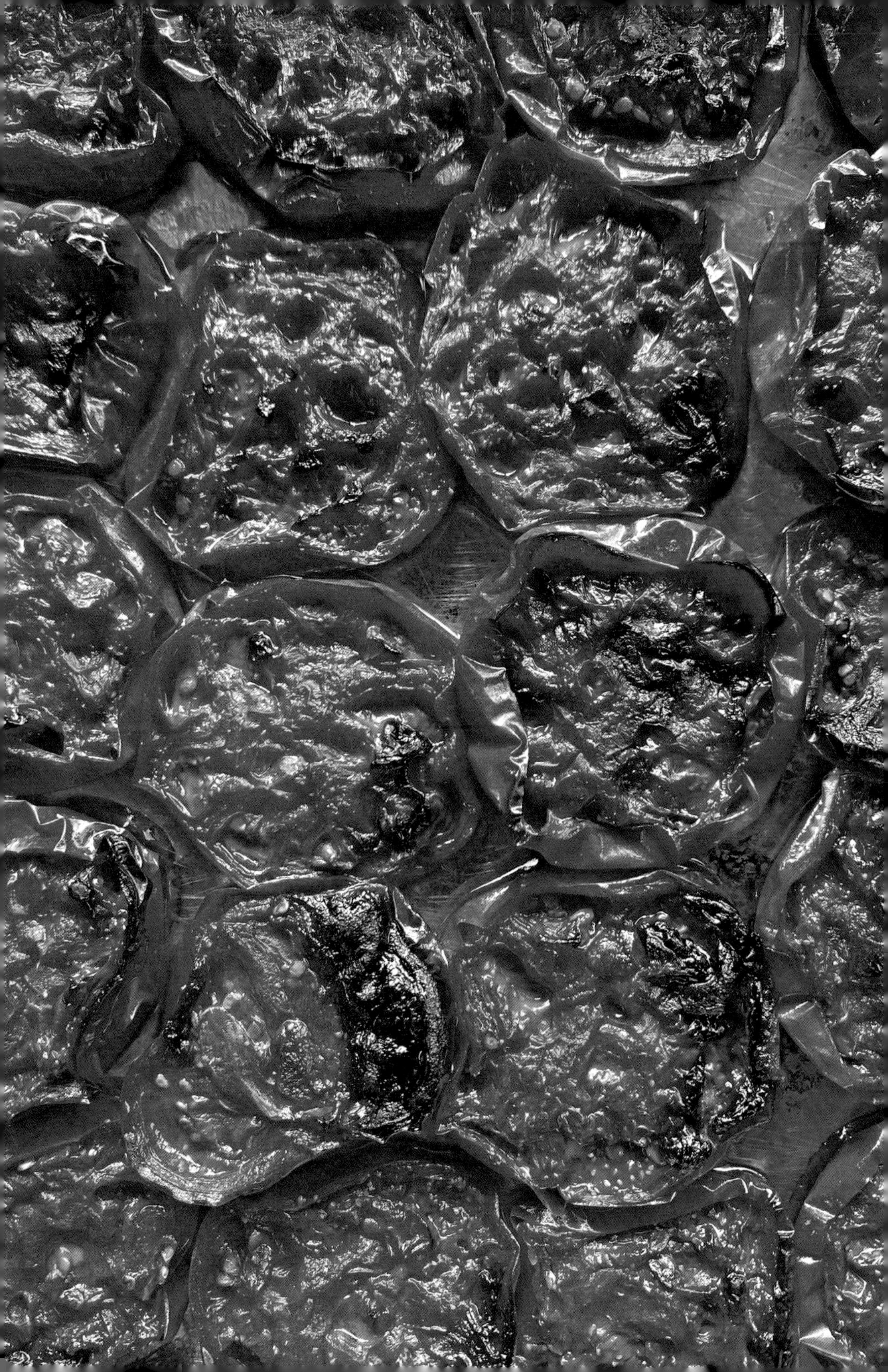

CHERRY TOMATO TART

ミニトマトのタルト

INGREDIENTS

焼きミニトマト

- **ミニトマト**　オーブンに入れるバットの中に、半分に切ったミニトマトが重ならずに入る量
- **オリーブオイル**　適量
- **塩**　適量

タルト　直径10cmのタルト台（2～3人分）

- **バター**　30g　室温にしておく
- **薄力粉**　70g
- **塩**　適量
- **サワークリーム**　適量

METHODE

❶ ミニトマトはヘタを取り、よく洗ってから水気を拭い、水平に半分に切る

❷ バットにオリーブオイルを垂らして指で全面に延ばしてから、半分に切ったミニトマトを切断面を上にしてたがいに重ならないように並べ、やや多めの塩を振り、30分ほどそのまま置く

❸ 上からオリーブオイルをまんべんなくかけ回してから、200℃のオーブンに入れて15分加熱する

❹ タルト台をつくる。ボウルに薄力粉を入れ、塩をふたつまみほど加えてよく混ぜてから、軟らかくしたバターを少しずつ手で潰しながら入れて粉に馴染ませ、ボウルの中で全体を捏《こ》ねて塊にする。軟らかさが足りない場合はほんの少し水を足す

❺ ボウルの中の塊と残ったかけらを平らな台の上で捏ねてひとまとまりにし、打ち粉（分量外）をした台の上で麺棒を使って平たく延ばす。タルト型に合わせて余分な端を切り取り、底に隙き間ができないように指で押してかたちを整え、180℃のオーブンで15分焼く

❻ ❺のタルト台が冷めたらサワークリームを塗り、その上に❸のミニトマトを重ねて、200℃のオーブンで15分焼く。タルト台は壊れやすいので要注意

ミニトマトの場合は、半分に切らないで丸のまま焼いてもよい。切らなければ水もほとんど出ないから焼くのも簡単で、味の凝縮感もそれほどないから、パスタに和えるときも使いやすいし、ちょっとした料理の飾りにも使える。半分に切って焼くと、大きなトマトほどではないが水が出るし、焼き上がるとそれなりの凝縮感がある。

ミニトマトのタルト（上の写真）の場合、トマトの下に敷くものは、濃厚な旨味がほしければ生クリームに近いマスカルポーネを、あっさりしたほうがよければリコッタを、酸味が欲しい場合はサワークリームを選ぶとよいだろう。タルト台は、イーストもベンチタイムも要らない簡単なレシピ。直径10cmのタルトにミニトマトが10個以上載る。

ズッキーニは見逃してはいけない

ズッキーニはどのくらいの大きさで収穫すればよいのか。

長野県は現在ズッキーニの生産量で日本一になっているが、私たちがズッキーニを育てはじめたいまから30年前、県内で栽培している農家はほとんどなく、農協の人さえその名前を知らなかった。だから私はフランスの本を読んで、長さ20センチで重さ200グラムという大きさを収穫の基準にした。

ズッキーニは、直径1・5センチ、長さ7、8センチくらいに達すれば食べられる。この時期の幼果にはまだ花がついているので、花が落ちないようにして出荷すればレストランに高く売れる。イタリア料理などで、花の中にチーズを詰めて揚げたりするからだ。

20センチ200グラムという大きさは、果肉に味が乗る、いちばん美味しいタイミングだ。種はできているが、まだ硬くない。それ以上大きくなると、食べるところは増えるが、皮も種も硬くなり、果肉にも旨味がなくなる。

ズッキーニは成長が早く、まだ小さいからもう少し後で採ろう、と思っているうちにどんどん生長して、あっという間に大きくなってしまう。いくら注意して畑を見回っていても、大きな葉の裏に隠れていたりすると、気づかないうちに異様な巨大物体になっていることがある。

どのくらい早く伸びるのか、私は2時間ほど畑にしゃがんでじっと見続けていたことがあるのだが、見ている間は1センチも伸びないのが不思議である。

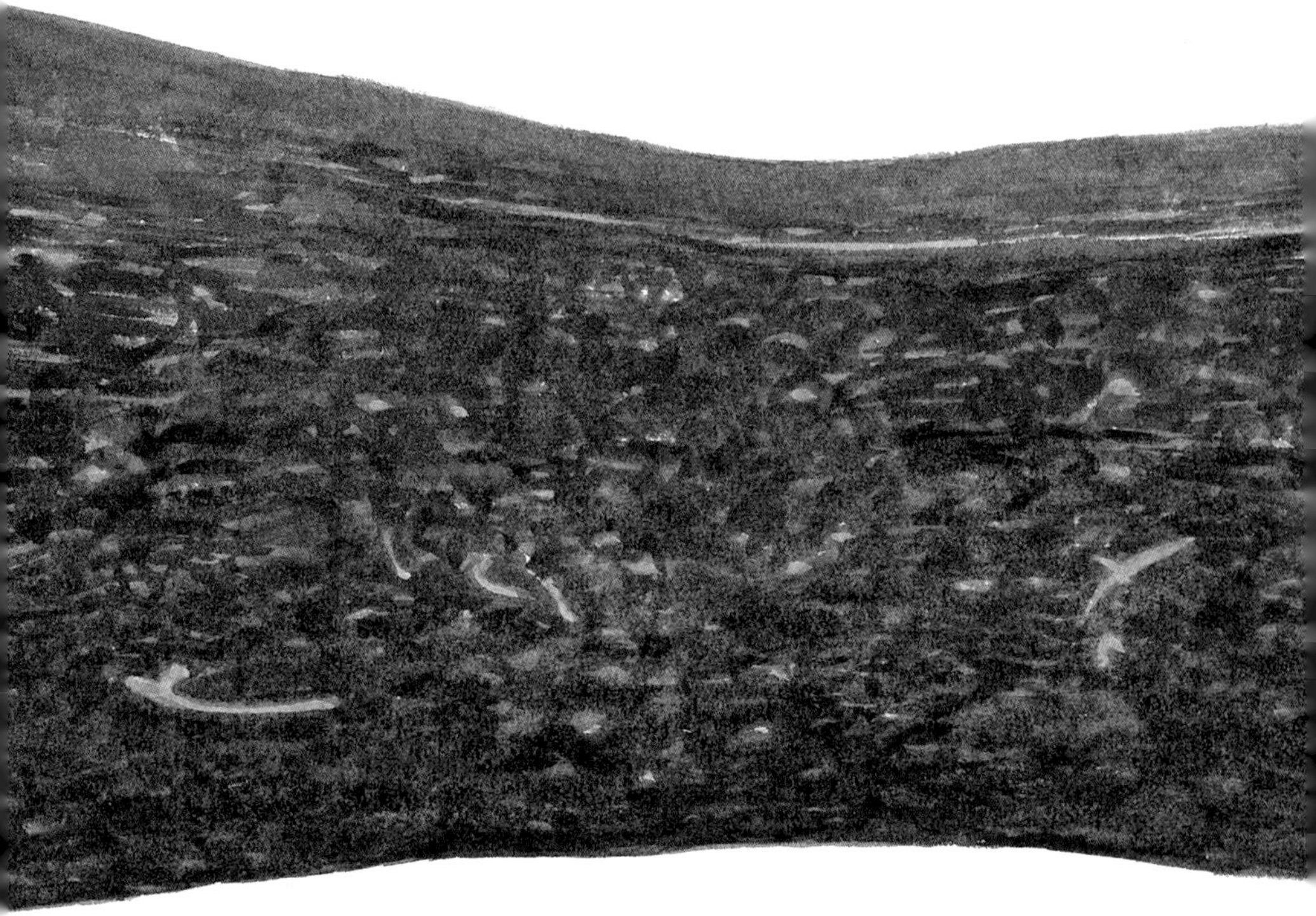

巨大になったズッキーニは、刻んでコンポスターに入れるのも可哀想だから、厚く硬くなった皮を剝き、真ん中にある大きくなり過ぎた種を取って、果肉は適当な大きさに乱切りする。

巨大になると果肉はスカスカして味がなくなっているから、そのまま食べても美味しくないが、体積があっても味がなくてカロリーも少ないわけだから、炒め煮にして取っておくと、カレーやシチューをつくるときの増量剤として役に立つ。小麦粉を使わなくても、自然のとろみがつくからだ。

標準の大きさのズッキーニは、輪切りにして焼くのが私の定番。厚さ1センチ程度にスライスして、ガス台にかけた金網の上に置いて直火で焼く。両面のところどころに焦げ色がついたら焼き上がり。表面に水滴が出てき

たら焼き過ぎだ。

焼けたらボウルに入れてオリーブオイルをかけ回し、ほんの少しだけ塩をしてから醤油を加えてボウルを揺すり、よく混ぜる。醤油は香りづけだから、せいぜい醤油差しを一振りする程度。私はこの食べかたがいちばん美味しいと思っている。

ズッキーニは花も食べられる。

イタリア料理店のような面倒な仕事はしないが、採ったら中にいるアリを追い出してから芯を取り、花弁の先端を中に折り込んでかたちを整えて、てんぷらの衣をつけて軽く揚げる。夏のそうめんのお供にぴったりだ。

花はそのまま生でもサラダに入れて食べると食感が楽しいし、果実を炒めるときに加えると彩りになるが、採ってからすぐに食べないと萎れてしまう。

RISOTTO WITH ZUCCHINI

ズッキーニのリゾット

INGREDIENTS

- **ズッキーニ**　中２本で４人分
- **タマネギ**　４分の１個
- **ニンニク**　１片の半分くらい
- **コメ**　１人当たり80～100g
- **オリーブオイル**　適量
- **白ワイン**（または日本酒）　適量
- **鶏がらスープの素**　適量
- **塩**　適量
- **粉チーズ**（好みで）　適量

METHODE

❶ ズッキーニは両端を切り落として、１本は端から10cmほどのところで切り、残りはすべて食べやすい大きさに乱切りする。10cm幅に切った部分は緑色の皮だけをピーラーで薄く削り、タテに揃えて細く糸のように切る。残った中身は乱切りに。ニンニクとタマネギは粗みじんにする

❷ 鍋にオリーブオイルを引きニンニクを入れてから加熱し、中火にして乱切りのズッキーニを色づかない程度に炒め、白ワイン（または日本酒）と顆粒の鶏がらスープの素を加えて、強火でいったん沸騰させアルコール分を飛ばして火を止める

❸ ❷の鍋の中身をミキサーに入れて攪拌し、薄緑色のペーストをつくる

❹ ❷の鍋に❶のタマネギを入れて再び火をつけ（オリーブオイルが足りなければ足す）、タマネギが透明になったらコメを加える。コメは生のまま、洗わずに、タマネギといっしょに２～３分炒めてから❸のペーストを加え、全体がスープ状になるまで水を加えてよく混ぜる

❺ 水が減ったら注ぎ足しながら中火で加熱を続ける。コメ粒が軟らかくなるまで15分前後かかるのがふつうだが、10分を過ぎた頃からときどきコメ粒を1～２粒取ってかじりながら火の通り具合をたしかめる

❻ その間に、❶で細切りにしたズッキーニの皮を、塩を入れた熱湯で湯がいておく

❼ コメに火が通って水分量が適当になったら鍋の中のものを皿に移し、天に❻の細切りをまとめて飾る。粉チーズは好みで各自振りかける

炭水化物をどのくらい食べるかが毎晩の問題で、残ったら翌日の昼に食べるとしても、つくり過ぎれば食べ過ぎる。いまは前菜に少量のリゾットかパスタを出してお腹をなだめ、そのかわりパンもご飯も食べない方法を試行中。コメもパスタもごく少量にして、豆や野菜のソースなどで増量すれば会席料理の「お凌ぎ」（コースの最初のほうに出されるスシやソバなど少量の炭水化物）のような小腹ふさぎになるだろう。ズッキーニのペーストに生クリームを加えるレシピもあるが、カロリーが高くなるので止めておこう。

パプリカ・ピーマン・トウガラシ

トマト農家の後、私たちはトウガラシ農家になった。

アメリカの友人に珍しいトウガラシの種を探してもらい、毎年20種類くらい、通算すると40種類以上のトウガラシを栽培した。ハバネロやハラペーニョはもちろん、アンチョ、ポブラノ、カスカベル、テピン、セラーノ、アナハイム……私が辛い料理が好きだったこともあるが、トウガラシは虫がつかないから無農薬でできるし、青いうちにも採れるし赤くなってから採ってもよい、生でも出荷できるし乾燥させてもＯＫ、乾燥したのが壊れたら粉にすればよいという、怠け者の農家には打ってつけの野菜なのだ。が、ワイナリーを建ててからはレストランで使う野菜を中心に育てるようになったので、辛過ぎるトウガラシはしだいにつくらなくなった。

いまはあまり辛い料理を食べないので、家庭菜園には辛くないパプリカやピーマンを植えている。もっともパプリカもピーマンもトウガラシも、甘いのも辛いのも全部同じ仲間である。だから甘いピーマンの隣に辛いトウガラシを植えておくと、辛さが移ることがある。とくにシシトウは要注意だ。

ピーマン類は、これも大量に採れるので、ローストして取っておく。トマトのローストとパプリカのローストを合体させたピペラードソース（『晩餐２』P.１５２）をつくって冷凍しておくと、シチューやカレーをつくるときに重宝する。

キュウリは黄色いから黄瓜という

家庭菜園では、キュウリ、ナス、インゲンマメなどもつくっている。

キュウリは支柱にネットをかけて這わせているが、傍若無人に伸びるので厄介だ。これも生長が早く、見逃すと困るほど大きくなる。その点ナスは葉が繁らないので見つけやすいが、その日に食べるナスの大きさを揃えるのが難しい。

インゲンの収穫は老人の仕事である。葉の陰に隠れてぶら下がっている豆を探し出し、ひとつひとつ採っていくのは時間がかかる。ヒマな老人でなければできないだろう。

ズッキーニ同様、朝夕の2時間くらいしか畑に出ない年寄りの菜園では、収穫が遅れて大きくなり過ぎた野菜がかならず出る。

しかし、キュウリはもともと黄色いから黄瓜というのである。日本人は未熟な若さを好むからキュウリを細い緑色のうちに食べるが、中国では太く黄色くなったのを炒めて食べる。巨大ズッキーニと同じように、皮を剥いて種を取って料理すると美味しいものだ。

インゲンも見逃すとボールペンくらいの太さになる。そのまま食べると筋張っていて硬いので、小さく刻んで炒めて食べる。干しエビを加えてナンプラーで味つけすると美味しい。

夏は採りたての野菜を味わい、冬は冷凍しておいたトマトやピペラードを食べて夏の日を思い出す。家庭菜園ならではの楽しみである。

BRUSCHETTA DI PEPERONE

ピーマンのブルスケッタ

INGREDIENTS

・**ピーマン各種**　大きなパプリカ２個にピーマン・トウガラシを数個で４人分くらい
・**バゲット**　スライス８枚で４人分
・**オリーブオイル**　適量
・**ニンニク**　適量
・**塩**　適量
・**黒コショウ**　適量

METHODE

❶ ピーマン類はまず半分に切ってヘタと種と白い筋を取り、短辺が2cm前後、長辺が５～7cmくらいになる長い三角形に切り出して、バットに並べる。上から塩を振り、オリーブオイルをかけ回し、全体をスプーンで切り返して塩とオイルが行き渡るようにする
❷ ❶のピーマン類を、200℃のオーブンに入れて20分加熱する。全体を切り返し、焦げ色を見て必要ならアルミホイルをかけてさらに10分加熱する
❸ バゲットを厚さ1cm程度の斜め切りにして、トースターまたは網の上で両面に焦げ色がつくまで焼く。熱いうちに片面にだけニンニクの塊をこすりつけて塗る
❹ ❷のピーマン類を彩りよく❸のバゲットの上に載せ、黒コショウを振りかける

パプリカ、ピーマン、トウガラシは、分類上は同じ学名をもつ同一の植物だが、日本ではずんぐりしたベル型で果肉が厚く、完熟すると赤や黄色になるものをパプリカ、肩が張ったやや細長いかたちで、緑色をした果肉の薄いものをピーマン、と呼んでいる。ピーマンが緑色なのは未熟果を収穫するからで、収穫しないまま枝に付けておけばピーマンも赤く（または黄色く）なるし、パプリカも熟して赤や黄色になるまでは緑色である。

肉の厚いピーマン（パプリカ）を焼くにはふたつの方法がある。ひとつは丸ごとガス台の上にかけた網に載せて直火で焼き、皮のほぼ全体が黒く焦げるまで焼けたら、アルミホイルで隙き間なく包んでしばらく置く。熱くなくなった頃にホイルを外すと中のパプリカはグタッと軟らかくなっているから、ふたつに切ってヘタを取り、中の種や筋も取り去って、最後に黒く焦げた表皮をていねいに取り除く。もうひとつは、ヘタと種と筋は取るが皮はつけたまま、適当なサイズに切って炒めるかオーブンで焼く方法。このほうが簡単で、皮は残るがオーブンでしっかり焼けば気にならない。
ブルスケッタをつくるとき、焼いたパンの表面にニンニクを塗るのは具材から出る汁が滲みないためといわれるが、ニンニクが好きな人は、ナスやパプリカといっしょに焼いてからパンに載せてもよいだろう。オイルが滲み込んだパンも旨いものだ。

praestat
otiosum
esse
quam nihil
agere

FRESH CUCUMBER WITH MISO

キュウリの山椒味噌

INGREDIENTS

- **キュウリ**　1人当たり1本
- **味噌**　適量
- **実山椒**　適量

METHODE

❶ キュウリは両端を切り落とし、タテにまっすぐ切る。曲がっているものは切りにくいが無理に切る
❷ 好みの味噌をブレンドして付け味噌をつくる。金山寺味噌を使えばモロキュウになるが、今回は信州味噌と赤味噌をブレンドして実山椒を刻んだものを混ぜてみた

キュウリは生のままかじるのがいちばん美味しい、というのは多くの日本人の感想だが、ブドウ畑での実習のためひと夏我が家に滞在したフランス人学生は、毎晩モロキュウを食前に食べて白ワインを飲んでいた。帰るときはおみやげに金山寺味噌をたくさん買っていったが、フランスの太くて皮の硬いキュウリでは勝手が違っただろう。

CREAMED GREEN BEANS

インゲン豆のクリーム和え

キュウリの花があったので上に載せてみた

INGREDIENTS

- **インゲン豆**　10本で2人前
- **生クリーム**　4人分で大さじ2杯くらい
- **ヨーグルト**　同上1杯
- **レモン汁**　適量
- **塩**　適量

METHODE

❶ インゲン豆は塩を加えた熱湯に入れて2～4分茹で（時間は太さによって調節）、冷水に取る。冷めたら水分を切って、長さ3cm程度にカットする
❷ 生クリームをボウルに入れ、泡立て器で軽く攪拌する。途中でレモン汁を加えてさらに攪拌するが、角が立つ手前で止めておく
❸ ❶のインゲン豆を❷のボウルに入れて和える。塩で調味する
❹ 皿の上にインゲン豆を井桁に組むように（底は4本並べ天辺は2本に）積み上げる
❺ ❸のボウルに残ったクリームにヨーグルト（と少量の水）を加え、インゲン豆の周囲に流す

2階のアトリエは、床面積の半分以上が
トレーニングマシンに占められている。
ダーツボードもあるが最近はあまり投げていない。
壁はほぼ本棚。絵を描くスペースがいちばん狭い

台所は西向きの大きな窓に面している。
家庭菜園は窓から見えるところに

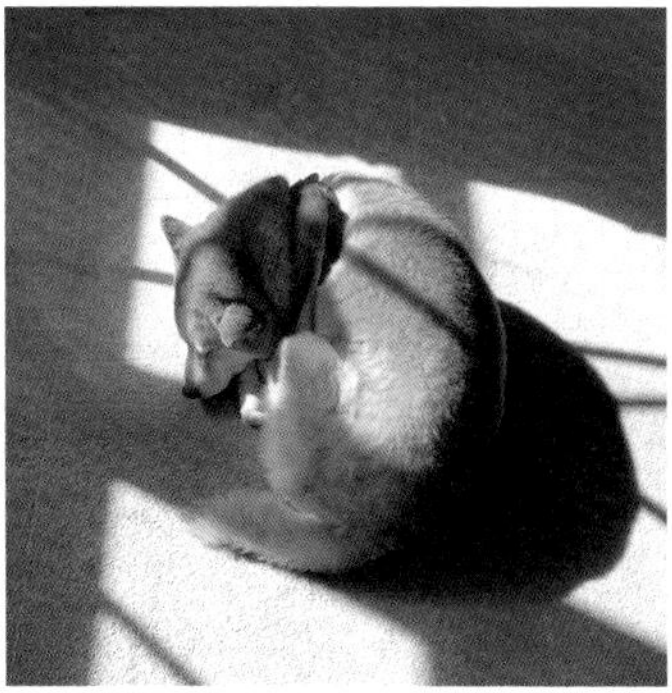

書斎は２階。
夕方になると１階の台所へ下りていく。
シバ犬のピノは、寝ているとき以外は、
どこへでも私の行くところについてくる

人面トマト（痛い！）

第４章　料理は見た目が大事

前菜は最初に見る景色である

時間差で食べる場合、食卓につくと最初に出てくるのが前菜だ。

レストランではその前に小さなつまみのようなものが出ることがあるが、私たちは同時に出すこともできる2皿をわざわざ1皿ずつ順番に出そうとしているのだから、用意した料理のうちのどちらかを前菜にすることになる。もちろん肉か魚の温かい料理があればそれが2番目に出す主菜になるから、前菜は「先ベジ」（最初に野菜を食べる）の方針からもおのずとサラダ系の野菜になるだろう。

料理は見た目が大事である。

皿の上の景色を見て、あ、美味しそう、と思うかどうか。

レストランだけの話ではない。毎日の家庭料理でも、いや、毎日の家庭料理だからこそ、目にしたときに楽しくなるような盛りつけを考えなければならない。

とくに前菜は、食卓について最初に見る皿の上の景色なのだから、出てきた瞬間に思わず、カワイイ！　と歓声を上げて写真を撮りたくなるような、そんなプレゼンテーションを考えたいものだ。

① 積み重ねる

たとえばトマトをスライスしてドレッシングをかけただけの前菜（トマトサラダ）は、切ったトマトをそのままのかたちで皿に置き、上から斜めに押して切り口の一部が見えるようにする……というのがふつうの盛り付けだが、これをタテに、スライスしたトマトを一枚一枚積み重ねていったとしたら、見た目はまったく違ったものになる。

② 平面に描く

高く積み上げるのではなく、水平に並べて皿の上に模様を描く方法もある。市松模様にしてみたり、一直線に並べてみたり……同じ材料でもただ雑然と置くのとは違って、それだけで前菜の感じが出るだろう。

③ セルクルを使う

型に嵌める方法もある。料理用の型（セルクル＝サークルという意味だが丸いのも四角いのもある）をいくつか持っていると、いかにもお洒落な感じの前菜が簡単にできる。

TOMATO TOWER

トマトタワー

INGREDIENTS

- **トマト**　4人分で大〜中サイズのトマト（色違いが望ましい）3〜4個とミニトマト4個
- **オリーブオイル**　適量
- **酢**（またはレモン汁）　オリーブオイルの3分の1量
- **マヨネーズソース**　適量（マヨネーズとヨーグルトを2:1の割合で合わせ、水で流動性を調節する）
- **塩**　適量

METHODE

❶ トマトは色や大きさの違うものを2〜3種類用意し、それぞれヘタを取ってから、5〜6mmの厚さの輪切りになるよう水平にスライスする
❷ オリーブオイルと酢をボウルに入れ、塩を加えてよく混ぜ合わせ、ドレッシングをつくる
❸ 輪切りにしたトマトの片面（上面）に、❷のドレッシングを刷毛で塗る
❹ 皿の上にマヨネーズソースを敷く
❺ マヨネーズソースの中心に小さなトマト片を置き、その上に大きなトマト片を置いて、あとは順番に小さくなるトマト片を彩りよく重ねて、いちばん上にミニトマトを（ヘタをつけたまま、底面を少しだけ切って座りをよくしてから）置く

トマトタワーという料理名は、ニューヨークの人気シェフ、ジャン・ジョルジュの考案で、彼のレシピは大型のトマトを湯剝きしてから水平に5〜6枚に切り、それぞれの表面に塩とコショウを振ってシェリー酢を数滴垂らし、バジルの葉を挟んで再び元のトマトのかたちに積み上げげたもの。湯通ししたバジルの葉を潰してオリーブオイルと和えたソースを下に敷く（左ページの奥にぼんやり見える本の写真）。トップシェフの仕事としては簡単過ぎる気もするが、ネーミングの妙で一躍有名になった名物料理である。

そのまま真似をするのは嫌だから、名前だけ借りることにして、手に入るトマトやミニトマトを積み上げてもっと簡単なタワーをつくってみた。バジルにもこだわらず、お馴染みのマヨネーズで食べることにした。緑色のトマトは特別な品種ではなく、まだ赤くならないふつうのトマトの未熟果を使った。未熟のトマトは味がなくて甘くもないが、酸っぱくはないのでいっしょに食べられる。

ZUCCHINI TOWER

ズッキーニタワー

INGREDIENTS

- **緑と黄のズッキーニ**　1本で2人分
- **ズッキーニの花**（あれば）1人1個
- **オリーブオイル**　適量
- **醤油**　適量
- **塩**　適量

METHODE

❶ 緑色のズッキーニは斜めに包丁を入れて7～8mm厚の楕円形にスライスし、ガス台にかけた網に載せて直火で焼く。両面に軽い焦げ色がついたら網から外してボウルに取り、軽く塩をしてからオリーブオイルを絡め、最後に数滴の醤油を垂らしてから全体を揺すってよく混ぜる

❷ 黄色のズッキーニは全体の3分の2を7～8mm厚の円形にスライスし、❶と同様に処理する

❸ ❷で残った黄色いズッキーニの3分の1は、表皮に近い部分だけを7～8mm角のダイスに切る。余った部分は捨てる

❹ 皿の中央に、焼いた緑色のズッキーニのスライスと黄色いズッキーニのスライスを交互に重ねてタワーのように積み上げる。タワーの周囲にはオリーブオイルと醤油を混ぜたものを垂らし、❸のダイスに切ったズッキーニ（生のまま）を等間隔に置いていく。ズッキーニの花があればタワーの天辺に飾る

トマトタワーを真似してズッキーニタワーをつくってみた。ズッキーニは揚げても煮ても炒めても美味しいが、輪切りにして直火で焼くのが我が家の定番だ（ふつうは余りが出るので斜めには切らない）。あまり薄く切ると歯ごたえがないので、8mmから1cmくらいの厚さが好みである。焼いて食べるときは酸味を加えず、醤油とオリーブオイルだけで食べるのが我が家の慣わし。

POIVRONS EN MOSAIQUE

パプリカのモザイク

INGREDIENTS

・**パプリカ**　赤、黄、緑など
・**オリーブオイル**　適量
・**塩**　適量

METHODE

❶ パプリカは丸ごと直火で網焼きにして、皮が黒く焦げたらアルミホイルで包んでしばらく置く。冷めたらホイルを外してタテに4つに切り、ヘタと種と筋を取ってから焦げた皮を取り去る（P.62「ピーマンのブルスケッタ」参照）
❷ ❶のパプリカをバットに入れ、塩を振り、オリーブオイルをかけ回してから、バットをアルミホイルで覆って200℃のオーブンで20分焼く
❸ オーブンから取り出したパプリカを、小さな正方形に成形する。まず頭と尻のところの湾曲した部分を切り取って、平らに置いて隅の不定形な部分をカットし、1辺2cmくらいの正方形をつくる
❹ 皿の上に❸の正方形を、彩りを考えながらモザイクのように配置する

積み上げるのではなく、平面に並べて描くプレゼンの方法。正方形に切ってもそれぞれ厚さが違ったり凹凸があったりするが、あまり段差ができないように工夫してモザイクにする。焼くときにホイルを被せるのは、焦げ色がつかないようにして色の違いを強調するためである。パプリカだけの一品だが、トマトのローストと同様、こうして徹底的に焼くとトロリとした食感が独特で、パプリカだけで立派な前菜になることが分かる。

最初に切り取った湾曲した部分、および成形の過程でトリムした切れ端は、リコッタと混ぜるか、パスタに加えるか、なんらかの方法で食べてください。

CARROTS & TURNIPS ON THE LINE

カブとニンジンのロースト

INGREDIENTS

- **カブ**　大きさにもよるが、1人当たり2〜3個
- **ニンジン**　切ったときにカブと同じくらいのボリュームになる量
- **オリーブオイル**　適量
- **春菊**　1把の半分くらいでソースをつくって残ったら保存しておく
- **塩**　適量

METHODE

❶ カブは根元と皮をピーラーで剝いて、全体をタテに4等分してからそれぞれを横半分に切る
❷ ニンジンは皮を剝き❶のカブとできるだけ同じ大きさの似たかたちになるように切り揃える
❸ 切ったカブとニンジンを網に載せ、ガス台にかけて直火で焼く。ときどき転がしながら、あちこちに焦げ色がつくまで焼く
❹ カブは焼いただけでほぼ火が通るが、ニンジンはそれだけでは硬いかもしれない。その場合は少量のオリーブオイルをかけて180℃のオーブンで焼くことになるが、硬さに応じて加熱時間を調整する。カブは0〜5分、ニンジンは5〜10分か。途中で試食するので多めに切っておくとよい。焼けたら塩で調味する
❺ 春菊は茹でてから刻み、オリーブオイルと塩を加えて（流動性が足りないときは水を加える）ミキサーでソース状にする
❻ ❹のカブとニンジンを皿の上にそれぞれ列になるように並べ、並べたカブとニンジンの上と下に❺の春菊のソースを点々と置く

カブ以外にも、大根、カリフラワー、レンコンなど、白い野菜はいろいろあり、どれも直火で焼いただけで（それだけで硬いものはオーブンで追加加熱すれば）食べられる。白い野菜を数種類揃えて、列のあいだにグリーンピースを並べる、といったプレゼンもありそうだ。

ソースで皿の上に線や模様を描くとき、ケチャップやマスタードを入れるのと同じディスペンサー（先端が細い注ぎ口になった円筒形の容器）を使うことが多いが、ソースの流動性が低い場合は、デコスプーンという先が細くなったスプーンを使うほうが簡単だ。100円ショップでも売っている安いものだから、ひとつくらい持っていてもよいかもしれない。

TIMBALE DE CREVETTES-EPINARDS

エビとほうれん草のタンバル

INGREDIENTS

・**エビ**（パナメイなど冷凍の無頭エビ）　１人当たり３～４尾
・**ほうれん草**　大きさによるが１把で数人分か
・**セロリ**　白い部分7～8cmで1人分
・**ニンニク**　適量
・**マスタード**（粒なしフレンチマスタード）　適量
・**オリーブオイル**　適量
・**塩**　適量

METHODE

❶ エビは殻を剥いて、背中に包丁を入れてワタを取る。ニンニクはみじん切り、セロリは粗みじん。ほうれん草は塩を入れた熱湯で軟らかくなるまで茹で、冷水に取って冷ました後よく水分を絞っておく
❷ オリーブオイルを鍋に引いて❶のエビを置き、弱火でゆっくり加熱を開始する。ときどき鍋を火から外すなど低温を保ちながら加熱を続け、エビが赤みを帯びて丸くなったらすぐ火を止める。冷めたら背中からタテに２つに切り分け、オリーブオイルに浸しておく
❸ エビを取り出して空になった鍋にニンニクのみじん切りを入れ、余熱で火を入れる
❹ 茹でたほうれん草はざく切りにして、❸のニンニクとともにボウルに入れ、塩とマスタードを加えて調味し、オリーブオイルを絡めておく
❺ 粗みじんに切ったセロリも、塩で調味してオリーブオイルで和えておく
❻ 直径5～6cmのセルクルを用意し、内側にオリーブオイルを塗り指で延ばしておく
❼ 皿の中央にセルクルを置いて、まずほうれん草を3cmくらいの高さまで詰める。その上に❺のセロリを7～8mmの厚さに敷き詰め、最後にエビを円形に重ねて並べる。指で押すようにして隙き間なく詰めたら、片手の指で中身を抑えながら、もう一方の手でゆっくりセルクルを持ち上げて引き抜く

セルクルも、持っていると遊べる道具である。セルクルの中に調理した素材を詰め合わせた料理のうち、比較的大きな円形であまり高くないものを、その形状から「タンバル（太鼓）」と呼ぶことがある。タンバルであれ、もっと細くて高いものであれ、肉でも魚でも野菜でも、セルクルを外したときに形状が保てるものならなんでも中に詰めることができる。金属のセルクルなら、詰めた後にオーブンで焼くことも可能である。サイズと高さが異なる数種類のセルクルを持っていると、プレゼンテーションの幅が広がるだろう。セルクルがない場合は、紙の筒でも塩ビのパイプでも、似た形状のものを探して使うとよい。

SUSHI-TAPAS

スシタパス

鮪アボカド

METHODE

❶ アボカドは中身をスプーンでくり抜いてボウルに入れ、塩を振り酢とオリーブオイルをかけておく
❷ マグロの赤身は小さく切ってバットに入れ、醤油を注いで10分ほど浸けておく
❷ スシタパスの枠にアボカドを詰め、少量のワサビを置いてからマグロを載せる。指で下に押しながら枠を持ち上げて外す。天に小さなシソの葉を飾ってみた

鯛キュウリ

METHODE

❶ キュウリは薄切りにして塩を当て、好みの甘酢で和えて水分を絞っておく
❷ タイは薄く小さな削ぎ切りにしてバットに入れ、たっぷりの塩とライム果汁を振りかけて軽く揉んでから、30分以上冷蔵庫で寝かせる（『晩餐1』 P.138 参照）
❸ スシタパスの枠にキュウリを詰め、その上に❷のタイのセヴィーチェを載せ、指で下に押しながら枠を持ち上げて外す。たまたまキュウリの幼果があったので天に飾ってみた

鮭ポテト

METHODE

❶ サーモン（生食が可能な、チリまたはノルウェーのアトランティックサーモン）は5mm程度の角切りにして、チャイブまたはパセリのみじん切りと合わせて塩とレモン汁とオリーブオイルを絡めておく（つくりかたはP.112を参照）
❷ マッシュポテトをつくり、サワークリームと合わせておく
❸ スシタパスの枠に❷のポテトを詰め、その上に❶のサーモンを置き、指で下に押しながら枠を持ち上げて外す。天に小さなレモン片を載せる

ヴィラデストでカフェをはじめた頃、「スシタパス」というメニューを考えたことがある。タパスはスペインの居酒屋（バル）で出される小皿料理のこと。酢飯の代わりに野菜を台にしてその上に魚介を載せた「野菜スシ」を、小さな四角い型で成形してタパスのように食べてほしい、というアイデアだった。野菜の台は、枠（セルクル）を外したときにかたちが崩れないものならどんな野菜でも使えるし、上にはスシのネタなら何を載せても構わない。絶対人気が出るはずだ……と思ったらそうでもなく、カフェのメニューからは半年で姿を消した。

スシタパスの型枠は、いっぺんにたくさんつくれるようにデザインして、アクリル加工の会社に特注した。

ショップからカフェに行く途中の壁に、
VILLA D'EST と書いた銘板が掲げてある。
その下の文字は、PROCUL ESTE PROFANI、
ラテン語で「世俗から遠く離れて」という意味だ。
里山の上に自宅を建てたときにつくって
玄関に掲げていた銘板を、
今年からいまの場所に移した。
ヴィラデストを訪ねる人びとが、
ひとときでも日常の「世俗から遠く離れて」
ワインや食事を楽しむ時間を過ごしてほしい、
という願いからである

ショップとカフェのあるフロアの
地下が醸造場。
カフェの窓から吹き抜けの
樽置き場が見える

ワイナリーの建物は、大きな屋根の中央に別の屋根を直角に組み合わせた
15 世紀イタリアのヴィラ建築に倣ったもの。昔の小学校によくあったスタイルです

カフェのカウンターは英国のアンティーク。
もとは化粧台で、大理石の上に
大きな鏡が取り付けられるようになっていた。
10年ほど自宅で使っていたが、
たまたま下の台に見事なブドウの浮き彫りが
あったので、カフェをつくるときに
背面の一部をくり抜いて
シンクや冷蔵庫などを組み込み、
カウンターとして利用することにした

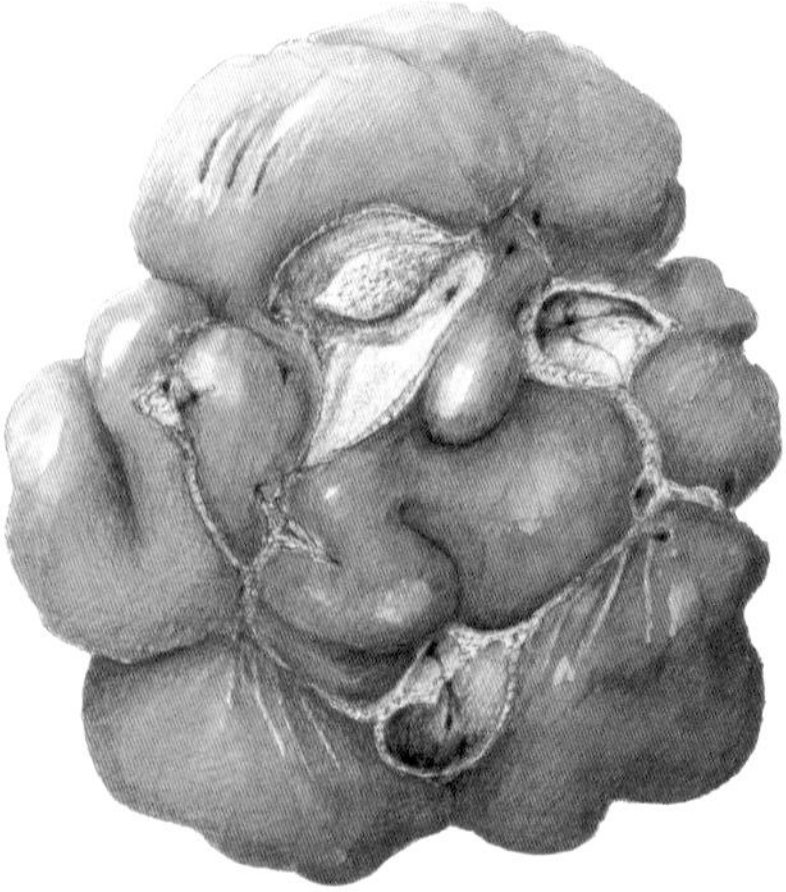

人面トマト（スモウレスラー）

第5章　元気の出る肉にはジャガイモとサラダを

ステーキと茹で肉

労働から遠ざかって久しい。筋トレも一時ほど熱心にやらなくなった。なるべく歩くようにはしているが、ときどき面倒になってサボることが多くなった。家庭菜園までは、台所の裏口から歩いて数十歩。一日中アトリエや書斎にこもっている日も少なくない。

でも、肉だけはほぼ毎日食べている。もちろん労働をしていた頃と較べれば量は減ったが、夕食にたんぱく質を摂らなければいけないという思い込みはいまも続いている。

いちばんよく食べるのは豚肉で、次は鶏肉か、牛肉。牛肉は塊で買うので、一度に処理して数日にわたって食べるが、食べ終わるとしばらくご無沙汰する。豚肉は飽きないが、牛肉は続くと少し飽きる。

私の牛肉の食べかたについては『まだ毎日が最後の晩餐』第3章で書いたが、この章には「ビーフステーキの誘惑」というタイトルがついているのに、写真で紹介したのは豚スペアリブの炭火焼きで、牛肉のステーキについては「……ステーキのかたちに切り出し、直火で焼く」という一文があるだけだ。これでは「羊頭狗肉」ならぬ「牛頭豚肉」だと反省し、今回は料理写真も添えることにした。

最近は、そろそろ牛肉にしようか、と妻に提案すると、茹で肉のほうがいいわ、という返事が多くなった。

そのほうが、さっぱりしている、と言うのだ。

私は以前から、日本人がどんな料理を食べてもほめるときはかならず「さっぱりしている」と言うのが気になっていた。フランス料理でも中国料理でも、濃厚な旨味が美味しい料理を食べてもほめ言葉はいつも「さっぱりしている」。濃厚で美味しい、こってりしていて美味しい、とは決して言わない。

濃厚な料理を好んでいた若い頃の私は、なんでも「さっぱりしている」ことをよろこぶ人たちの気持ちが分からなかった。それが、さすがにこの歳になってくると、だいぶその意味が理解できるようになってきたので、妻に同意することが多くなった。

ステーキにするときは、ランプ肉。歳は取ったが、まだ完全に枯れ切っているわけではないので、それにステーキを食べるときは多少の罪悪感も味わいたいから、完全な赤身より少しだけ脂肪があったほうがよい。

茹で肉にするときはスネ肉。しっかり茹でれば柔らかく食べられる（食べ終わるまで何度も火を入れるので、長く煮ても平気な部位のほうが望ましい）し、なによりも旨味のあるスープが取れるので、利用価値が高い。

茹で肉のつくりかたについては何度も書いてきたが、鍋に入れた肉塊に冷水を注ぎ、強火で沸騰するまで加熱したら、ていねいにアクを取ってから弱火にして煮込む。とりあえず1時間ほど煮て火を止め、あとは食べるたびに30分か1時間ずつ加熱すればよい。

HALF-CUT BEAF STEAK

ハーフカットステーキ

INGREDIENTS

ステーキ

- **牛ステーキ肉**　1人分120g
- **オリーブオイル**　適量
- **醤油、味醂**　大さじ1杯ずつ
- **塩、黒コショウ**　適量

ローストポテト

- **ジャガイモ**　100～120gの中型のイモを1人当たり1個半
- **オリーブオイル**　適量
- **塩**　適量

METHODE

❶ 牛ステーキ肉の塊をタテ5cm横10cm厚さ3cm程度の直方体に切り出し、焼く直前に全面に塩を振る

❷ フライパンにオリーブオイルを引いて、よく熱してから❶の肉を置き、中強火を保ったまま、表裏ともそれぞれ6～7分、しっかり硬い焼き目がつくまで焼く。両面が焼けたら肉の4周もそれぞれ30秒程度フライパンの底に当てて焼き、焼けたら取り出してまな板の上に置き10分以上休ませる

❸ 肉を休ませている間に、肉を取り出したフライパンに味醂を注いで、火をつけたままヘラでフライパンの底と周囲の焦げをこそげ取りながら強火にして煮切る（アルコール分を飛ばす）。泡立ってきたら火を止めて醤油を注ぎ、そのまま勢いがなくなるのを待つ

❹ 付け添えのジャガイモは、洗って皮を剥き、タテに6等分して、オリーブオイルを引いたバットにたがいに重ならないように並べ、200℃のオーブンで40分焼く。10分経過したところでオーブンを開けてバットの中のジャガイモをフライ返しで切り返して底面から剥がす。30分経てば中まで焼けているが、まだ美味しそうな焼き色がついていなければさらに10分程度加熱を延長する

❺ オーブンから取り出したジャガイモに塩を振って皿の奥に盛り、休ませていたステーキをタテ半分に切って皿の中央に置き、❸のソースを流す。最後に粗く潰した黒コショウを上から振りかける

フライパンで焼くステーキは、いろいろな人がいろいろな焼きかたを提唱しているが、3～4cmの厚さがある肉なら、両面を強火で焦げる寸前まで焼くだけ、という方法もある。今回はステーキらしく盛り付けてみたが、会食者が3人以上の場合は、半分に切った直方体を5mm厚くらいにスライスして（輪を描くように）大皿に並べ、各自が好きなだけ取れるようにする。そうすれば小食の人も大食の人も自分のペースで楽しめるだろう。

SLICED BEEF STEAK

薄切りステーキ

INGREDIENTS

- **牛ステーキ肉**　1人分100g　厚さ1.5cm程度
- **オリーブオイル**　適量
- **バター**　適量
- **赤ワイン**（3分の1に煮詰めたもの）大さじ1杯
- **醤油、味醂**　大さじ1杯ずつ
- **塩、黒コショウ**　適量

METHODE

❶ 牛肉を、両面に塩を振ってから熱したフライパンに載せ、中強火で両面が軽く色づくまで焼く

❷ ❶の肉を5分ほど休ませてから、180℃のオーブンに入れて7〜8分間加熱する

❸ その間に❶のフライパンに味醂を注いで泡立て、次いで醤油と赤ワインを加えて少し煮詰める。濃厚な旨味を求めるならこのときに（火を止めてから）バターの切片を落として溶かすという方法もあるが、老人にはちょっと重過ぎる

❹ オーブンから取り出した肉は常温で休ませながら、手で扱える温度まで冷めるのを待つ

❺ ❹の肉をよく切れる包丁でタテに薄く剝ぐようにスライスする。1枚の肉から5片前後の薄切りができるはずだ

❻ 薄切りの肉を取り出して皿に載せ、上から❸のソースをかけ、マッシュポテトを添える（マッシュポテトのつくりかたはP.112を参照）

最初に炒めて焼き色をつける（リソレする）のは、旨味と肉汁を肉の中に閉じ込めるためだと言われている。塩は調味に必要だが、塩を振ると肉が硬くなるといって嫌う人もいる。逆に、焼く30分前までに塩を振っておくと焼いたときに肉の表面が固まって肉汁を閉じ込める、と主張する人もいる。肉の質や状態にもよるので、あまり難しく考えないようにしよう。

焼き色がつき過ぎないように頻繁に裏表を返しながら、ときどきフライパンを火から外すなどして微調整し、指で肉を押してまだ軟らかいか弾力が出てきたかで焼け具合を判断することができればフライパンだけでステーキを焼き上げることは可能だが、それよりも（リソレしてから）オーブンに入れるほうが簡単だろう。180℃で1.5cm厚なら7〜8分、2cm厚なら10分程度、と覚えておけばそう大きな失敗はないが、それでも何分で自分の好みの焼け具合になるかが分かるまで多少の経験が必要だ。

BOILED BEEF WITH POTATO SALAD

茹で肉のポテトサラダ添え

INGREDIENTS

茹で肉

- **牛肉**（スネ肉またはランプ肉の塊、1人当たり100〜120g）
- **ソース**（オリーブオイル、醤油、ハラペーニョなど）　適量
- **塩、黒コショウ**　適量

ポテトサラダ

- **ジャガイモ**　1人当たり皮の赤い小さいジャガイモを5〜6個　大きいものなら2個もあればよい
- **グリーンピース**　大さじ1杯
- **白ワイン**　大さじ1杯
- **オリーブオイル**　大さじ1杯
- **白バルサミコ酢**（シェリー酢、米酢などでもよい）小さじ1杯
- **タマネギ**　小1個で4〜6人分
- **チャイブ、パセリ、ミントなど好みの香草**　適量
- **塩、白コショウ**　適量

METHODE

茹で肉

❶ 牛肉の塊を深鍋に入れて流水で洗い、水が澄んだらそのまま鍋を火にかけて沸騰するまで強火で加熱する。沸騰したらアクを取り、弱火にして1〜2時間加熱する。冷めたら取り出して、1枚100g見当の大きさに切り分ける。茹でた汁の中に入れて保存しておく

❷ 煮汁から取り出した冷たい茹で肉を厚さ1cmにカットして皿に置き、塩を振る。奥にたっぷりのポテトサラダを盛り、肉には醤油とオリーブオイルを混ぜたソースをかける。今回はハラペーニョとパプリカをみじん切りにしてソースに加えたが、好みでマスタードや柚子胡椒などを添えてもよい。最後に粗挽きの黒コショウを上から振りかける

ポテトサラダ

❶ ジャガイモは皮をつけたまま塩を加えた水で約15分茹で、半分に切って保温しておく。大きいジャガイモしかない場合は茹で時間を20分にして、1個を4等分する

❷ グリーンピースは塩を入れた熱湯で茹でる（❶の鍋に途中から加えてもよい）

❸ 茹でたジャガイモをボウルに入れて白ワインを振りかけ、ボウルを揺すって滲みこませる

❹ オリーブオイル、白バルサミコ酢、塩、白コショウを混ぜ合わせてドレッシングをつくる

❺ タマネギは刻んでから水に晒した後軽く搾る。チャイブ、パセリ、ミントは別に刻んでおく

❻ 食べる直前にまだ温かいジャガイモとグリーンピースを❹のドレッシングで和え、最後に❺のタマネギとハーブ類を絡める。まだ温かいうちに皿に盛る

塊で茹でた牛肉は煮汁とともに鍋に入れて保存し、必要なときに必要な分だけ取り出す。薄くスライスして箸で食べても、厚切りにしてナイフとフォークで食べてもよい。

ジャガイモ料理アラカルト

南米アンデス高原を原産地とするジャガイモは、スペイン人がインカ帝国を征服したことからヨーロッパへ伝わり、18世紀から19世紀にかけて、欧米諸国の料理には欠かすことのできない「ベジタブルクロップ（穀物野菜）＝主食に近い野菜」になっていった。

肉にジャガイモ。

これこそ鉄板の組み合わせだ。

日本へは江戸時代にオランダ船が長崎の出島に持ち込んだのが最初とされるが、その後じわじわと救荒食（代用食）として利用されるようになったものの、日常の料理の中に取り入れられたのはずっと後になってからである。

仏教が伝来して以来、肉を食べることが禁止されていた日本では、和食の体系にジャガイモを取り込むことが難しかったのだろう。近代に入って西洋料理が日常化するまで家庭でのジャガイモの消費量は増えなかった。

ジャガイモの年間1人当たり消費量は、ヨーロッパ96kg、アメリカ58kgに対して、日本はわずか25kgだという。しかも、その消費の多くはポテトチップかフレンチフライで、家庭ではコロッケかポテサラをつくるくらいではないだろうか。

肉食老人の私たちは、これまでも日本人の平均よりは少し多く食べてきたと思うが、家庭菜園をやるようになってからすっかりジャガイモにハマってしまい、とくに秋の終わりから春先にかけては、フランス人並みにほぼ毎日食べるようになった。

秋の終わりから春先にかけて、というのは、ジャガイモの芽が出る頃、という意味だ。

春に苗を植えたジャガイモは、このあたりでは梅雨明けに収穫する。収穫したジャガイモは段ボール箱に入れて黒い布で覆い、少しずつ取り出して食べていく。

夏を越すと水分が抜けて味が安定するが、朝晩が寒くなる頃から気の早いジャガイモは芽を出しはじめる。正月が近づく頃になると、段ボール箱の中のジャガイモは芽ばかりが目立つようになっている。

芽がぐんぐん伸びて白い茎になるようでは本体から栄養が奪われてしまうので、芽は見つけるたびに少し掻いておき、春が来るまでに食べ終える。

この時期の、少し芽が出たジャガイモが、甘くて、味が濃くて、なんとも美味しいのだ。水分の抜けた分だけ甘みや旨味が凝縮するのだろう。尻腐れのトマトと同じ原理である。

春から初夏までの端境期はやむなく買ってきて食べるが、また家庭菜園で収穫できるようになると、新しいジャガイモは茹でてサラダにするなどその瑞々しい風味を楽しみながら、早く秋がやってこないかと待ち遠しい気分になる。

毎日のように食べているとおのずから料理法にも変化をつけたくなり、ジャガイモ料理のレパートリーがだいぶ増えた。

FRENCH FRY
フレンチフライ

INGREDIENTS

- **ジャガイモ**　できるだけ長い棒状のフライができるよう、メイクインなどの細長いジャガイモを使う
- **塩**　適量

METHODE

❶ ジャガイモの皮を剥き、1cm角で長さ8～9cmの棒状（拍子木）に切り出す。よく洗ってから布巾などで湿り気を取り去る
❷ 160℃に熱したたっぷりの油に❶を少しずつ入れ、たがいにつかないように泳がせながら7～8分、火が通るまで揚げる。ただし油分が中まで滲み込まないように、色づく手前で引き上げる
❸ 引き上げたジャガイモを、10分以上（または完全に冷めるまで）置いた後、180℃の油で2～3分、黄金色に色づくまで二度揚げする。油を切り、布か紙の上に広げて余分な油を吸わせてから、適量の塩をまんべんなく振りかける

美味しいフレンチフライを家で揚げるのは難しい。温度管理をして二度揚げするのが本場ベルギーの教えだが、正確にやるには調理用の温度計が必要になる。最初の下揚げは時間のあるときに済ませておくことができるが、二度揚げは食べる直前にやらなければならない。時間が経つとポテトはすぐにふにゃっと軟らかくなってしまう。

OMEMADE RECIPE
L INGREDIENTS
Hand made
Hand made

BAKED POTATO

ベークドポテト

INGREDIENTS

・**ジャガイモ**　できるだけ大きなジャガイモ　1人当たり1個
・**粗塩**　適量

METHODE

❶ 大きなジャガイモをよく洗い、まだ濡れているうちに皮にまんべんなく粗塩をまぶす
❷ 皮のあちこちにフォークを突き刺して穴を開け、200℃に熱したオーブンの棚に置き、1時間15分加熱する
❸ 親指と人差指で両側から挟んで、わずかに押し返すような弾力が感じられたら出来上がり。布巾を持った手で熱いイモを挟み、ゆっくりふたつに割る

ベークドポテトは本来、大きなジャガイモを皮つきのまま、焚き火の灰に埋めて焼くものだった。いまでもキャンプに行けば、焚き火で同じ焼きかたを試みることができるが、灰が少なくて熾火《おきび》が多いと、どうしてもアルミホイルで包みたくなるだろう。オーブンで焼く場合も含めて、もちろんアルミホイルで包んでもベークドポテトはできる。が、ホイルで包んで焼くと蒸発したジャガイモ内部の水分がホイルの内側に止まってしまうので「ベーク」よりも「スチーム」に近くなる。ベークというのは「パンのように焼く」という意味で、開放空間で水分を放出しながら加熱することを意味している。焼く前に皮に穴を開けるのは、そこから蒸気が出やすくするためだ。穴を開けておかないと、皮に邪魔されて内部に溜まった蒸気で、ジャガイモが破裂してしまうことがある。

右下の写真のように、ベークしたポテトの上にベーコンやサワークリームを載せてチャイブを散らすのが定番だが、溶けるチーズやブルーチーズを載せても美味しいし、ウニやキャビアを載せても構わない。が、まずはふたつに割った熱々のところに、有塩バターをたっぷり載せて味わってほしい。

RAOST POTATO

ローストポテト

INGREDIENTS

・**ジャガイモ**　大きなイモを2～4等分して1辺5～6cm以上の大きさにカットする
・**牛脂または豚脂**（ラード）　やむを得ない場合はオリーブオイルで代用する

METHODE

❶ 深鍋に切ったジャガイモを入れ、全体が隠れるほどの冷水を注ぐ。塩を加えてから、蓋をせずに強火で沸騰させ、10分経ったら火を止めて湯を切る
❷ 湯を切った深鍋を、中にジャガイモが入ったまま、両手で持って数回強く揺する。粉吹きイモと同じやりかたで、ジャガイモの角を取ると同時に余分な水分を蒸発させる効果がある
❸ ❷のジャガイモを、たがいに重ならないように牛脂または豚脂を入れたバットの上に並べ、全部の面に油脂が絡むようにする
❹ ❸のバットを200℃のオーブンで20～30分ほど加熱したらいったん取り出し、ジャガイモの天地を返して再びオーブンに戻す。こうすると上下ともにきれいな焼き色がつくが、何度も返すと焼き色が中途半端になるので、せいぜい1回か2回にとどめる。合計45～60分ほど加熱する
❺ オーブンから取り出し、余分な油を切ってから皿に盛る。好みの量の塩を振りながら食べる

ローストポテトは本来、暖炉で肉の塊を焼くときに、肉塊から滴り落ちる汁（ドリッピング）の受け皿にジャガイモを置いて、肉の脂と旨味を滲みこませながら焼く、という方法である。肉は焼かないがローストポテトだけつくりたい、という場合は、バットに油脂をたっぷり入れて、そこにジャガイモを並べ、オーブンで加熱すればよい。

火源に近いところで素材を焼く方法を「グリル」と言い、離れたところで焼く場合を「ロースト」という。焚き火の火に直接網をかけて肉を焼けばグリル、火から離れたところで肉塊を刺した串を回しながら焼けばローストである。近代になってオーブンが発明されると、オーブンの中で焼くものはすべてローストと呼ばれるようになった。軽く茹でてから焼くのは、肉の角を取って焼き色がつきやすくするのと、大きく切ったジャガイモは中まで火が通りにくいからである。もう少し小さく切って焼く場合は生からオーブンで焼くほうがよい。ハーフカットステーキ（P94）の付け添えにしたのが一般的なローストポテトである。

小ぶりのジャガイモは、表面の汚れをよく取ってから皮をつけたままバットに入れ、オリーブオイルをかけ回してオーブンに放り込む。塩は出来上がりに振ればよいだろう。冬になって芽が出た古ジャガは、芽を取って萎んだ皮を削ると食べるところがないくらい小さくなってしまうので、皮つきのままローストする。ふつうの人なら捨てるような古ジャガは、甘みが凝縮して極めて美味である。

BROILED THIN STACKED POTATO

ポテトの薄切り重ね焼き

INGREDIENTS

- **ジャガイモ**　大きいものなら2個あればいい
- **オリーブオイル**　適量
- **塩、黒コショウ**（好みで）

METHODE

❶ オーブンに入れるバットにオリーブオイルを流してから、その上でスライサーを構えて、洗って皮を剝いたジャガイモをできるだけ薄くカットする。スライサーを移動させながら、スライスしたジャガイモが均一の厚さでバット全体に広がるようにする。途中で1～2回、適量の塩を振る

❷ ❶のバットを200℃に熱したオーブンに入れて30分焼く。10分おきにオーブンを開けてバットを取り出し、フライ返しで底の部分を剝がしながら全体を裏返す。30分経ってもまだ美味しそうな焼き色がついていないようなら、加熱をさらに10～20分延長する

❸ 皿または鉢に取り出し、（好みで）黒コショウを振る

スライサーで薄切りにしたジャガイモを180℃の植物油で揚げればポテトチップスになる。ポテトチップスにする場合は、糖分があると焦げやすいので、いったん水に浸けてでんぷん質を取り除き、布巾でよく水気を拭ってから揚げるのがよいとされている。

ジャガイモを水で洗わずにそのまま焼くと、一部は焼き色がついてパリパリになるが、その他の部分は粘りがあるのでくっついて、ねっとりとした食感が生まれる。もちろん肉料理などの付け合わせにもよいが、フォークより箸のほうが食べやすいので、和食のときの副菜にしても面白い。

ROSTI AND HASH BROWNS

ロシュティ&ハッシュブラウン

INGREDIENTS

- **ジャガイモ**　1人当たり120〜150gのジャガイモ1個
- **バター**　5〜10g（好みで増減する）
- **オリーブオイル**　少量
- **塩、コショウ**　適量

METHODE

ロシュティ

❶ ジャガイモは皮を剝いてスライサーで繊切りにし、鍋に入れて水を加え強火で3分間茹でる
❷ フライパンにオリーブオイルを垂らしてからバターを置いて溶かし、上から湯を切った❶のジャガイモをフライパンの中央部に載せる。塩コショウで調味しながらジャガイモの山を崩す
❸ ❷の状態から、ジャガイモがフライパンのサイズいっぱいになるようにヘラで押しながら表面を均一に延ばしかたちを整える（出来上がりの直径がフライパンの底面の直径とほぼ同じになる）
❹ 弱火にして15分ほど焼く。色づいたら（サイズの合う皿で蓋をして）裏返し、反対側も同じように15分ほど焼く
❺ 底の焼け具合を確認してから、フライパンを裏返して中身を皿に移す

ハッシュブラウン

❶ ジャガイモを繊切りにして冷水にさらし、引き上げたらよく水を切る
❷ フライパンを中火で熱し、オリーブオイルを垂らしてからバターを置いて溶かす。溶けたら❶のジャガイモを載せて、塩コショウで調味し、指で押さえながら薄く延ばすように広げて焼く。裏側が焼けて固まるまで加熱する
❸ ヘラを使って裏返し、もう一方の側も茶色く色づくまで焼く

ロシュティは、スイスの伝統的なジャガイモ料理である。ジャガイモだけでなくベーコンを加えるレシピもある（ベルナーロシュティ）。もともとは食べ残したジャガイモを再利用する惣菜のようで、だから茹でた状態から焼きはじめる。時間をかけてじっくり焼くことでしっとりと仕上げるのが特徴で、最後に少量のミルクを注いで仕上げるというやりかたもある。出来上がりは1cm前後の厚さになる。

ハッシュブラウンはアメリカの朝食メニューだが、ロシュティよりも薄く、焼き色も濃く、かたちも正しい円形でなくてよい。指で押した自然のままのかたちで、焼けたジャガイモの一部が針のように飛び出していたりするほうが、なんとなく雰囲気があってよい。焼けかたは火の強さにもよるので、ときどきヘラで裏側を持ち上げてたしかめる。端が早く焼ける割に厚みのある中央部は火が通りにくい。

MASHED POTETO

マッシュポテト

INGREDIENTS

- **ジャガイモ**　１個 120g 平均として４個くらいで３～４人分
- **ミルク**　（茹でたジャガイモ 400g に対して）60㎖
- **バター**　（同上）30g
- **塩、コショウ**　適量（ジャガイモの重量の10分の１程度が目安といわれている）

METHODE

❶ ジャガイモは皮を剥いて、１個を６～８片に（できるだけ同じ程度の大きさになるように）切り、塩を入れた水で茹でる。強火で沸騰させてから10～15分、串が通るまで加熱する。

❷ ジャガイモが茹だったら、鍋の中に入れたまま湯を切り、再び火にかけた鍋を揺すりながら水分を飛ばしておく。

❸ ❷のジャガイモをミキサーに入れ、ミルクを加えながら滑らかになるまで攪拌する。

❹ ❸のマッシュを塩コショウで調味した後、再び鍋に移して加熱しながらバターを加えてよく混ぜる。こうすると、ミルクが多過ぎた場合でも加熱によって濃度を調整することができる

マッシュポテトは、茹でたジャガイモを潰したところへバターとミルクまたは生クリームを混ぜるのが基本のつくりかた。フランスでは大量のバターと少量のミルクを使うレシピが主流だが、日本ではたっぷりのミルクで溶いて香りづけにバターを使う傾向が強い。

マッシャーで潰しただけではどうしても粒が残るし、ミルクを注ぎながら掻き回すのも力が要る。その点、最初から茹でたジャガイモをミキサーに放り込んでしまえば、プロの料理人が網で濾したような滑らかなマッシュが簡単にできる。ミルクが多くてマッシュが緩くなり過ぎた場合は、鍋に移して（底が焦げつかないように注意しながら）加熱し、水分を飛ばせばよい。

マッシュポテトのカロリーが心配な人は、ブロッコリやカリフラワー、あるいはエノキダケなどを茹でてからミキサーでペーストにして（ジャガイモと同量くらい）加えると気分が休まるだろう。

ブロッコリの場合は、できるだけ緑色の花の部分だけを熱湯で茹でてからミキサーで粉砕し、ふつうのマッシュポテトと半々くらいに混ぜる。カレーマッシュは、ふつうのマッシュポテト200gに対してカレー粉大さじ１杯程度（辛さは好みで調整）を加えて練る。色をはっきりさせるために、カレー粉とは別にターメリックの粉末を足すとよい。

サラダという幸福

前菜、主菜、野菜。

この「野菜」は主菜の付け合わせとして同じ皿に載せる野菜とは別の、もう一皿の野菜料理を指すわけだが、私は別の野菜を副菜として出す場合でも、さらに生野菜でサラダをつくらないと気が済まない。

フランス語で単に「サラダ」と言うときは、レタスのサラダを意味する。

レタスには「レテュ laitue」という植物名があり、レテュの「レ lait」はカフェ・オ・レの「レ」と同じでミルクの意味である。収穫するとき茎を切るとミルクのような乳白色の液が滴り落ちるのでそう言う（日本語の「チシャ＝乳菜」も同じ）のだが、単に「サラダ salade」と言っただけで、出来上がったサラダを意味すると同時に、その材料となる「サラダ菜 salade」すなわちレタスを意味することにもなる。

フランスでは、レタス以外の野菜のサラダは前菜として食べる。

たとえばトマトのスライス。あるいはニンジンの繊切り。単一の野菜でも、ドレッシングで和えれば立派な前菜だ。が、レタスだけのサラダはかならず肉料理の後に食べる。どうしても前菜にしたい場合（食堂の安い定食に多い）は、クルミなどを上から散らして、これは食後に食べるレタスだけのサラダとは違いますよ、ということを示すのがふつうである。

フランスの家庭では、主菜の肉料理を食べた後に、食卓の真ん中にレタスを山盛りにしたサラダボウルをドンと置く。すると各自がそこからレタスの葉を取って、肉を食べた後の皿に載せて食べるのだ。ナイフとフォークで葉を丸め、フォークで刺して食べる。

私が学生のときフランスに留学して、なにを学んだかといえば以下の3つである。

食事は決まった時間に食べること。

食事のときはワインを飲むこと。

そして、肉料理の後にはレタスのサラダを大量に食べること。

肉にはジャガイモを添えてワインを飲みながら食べ、その上レタスのサラダを食べる。これで栄養のバランスを完結させるのが、フランス人の伝統的な食事スタイルだ。

私が食事の最後（デザートの前）にかならずレタスのサラダが食べたくなるのは、学生時代からのトラウマのようなものである。

だから『毎日が最後の晩餐』でも、続編の『まだ毎日が最後の晩餐』でも本の最後はサラダの話で、今回もまた同じことを書く。

レタスのサラダのつくりかたはシンプル極まりない。

レタスの葉はナイフで切ると断面が変色するので、手で適当な大きさに千切《ちぎ》ってボウルに入れ、上からオリーブオイルをかけ回して、好みの酢を適当に垂らし、最後に塩を振って、全体を手で掻き回してよく混ぜる。できたら食卓に出す容器に移し替え、すぐに食べる。

それだけの話だが、野菜が新鮮で、酢と油の割合と塩の加減がうまく決まれば、世の中にこれ以上うまい料理はない……と言いたくなるくらいのサラダができる。

酢と、油と、塩。サラダを構成する要素は単純である。

酢は、日本の米酢、中国の黒酢、フランスのワインビネガー、イタリアのバルサミコ酢など。レモンやライム、ユズ、スダチ、カボスなどの柑橘類を絞ってもよい。

油は、オリーブオイル、サラダオイル（油菜、綿実、大豆などを原料とする植物油）、ゴマ油（太白／焙煎）など。ときにはベーコンを炒めた脂を加えたり、油の代わりに生クリームやマヨネーズを使ったりすることもある。

酢と油の選びかたで、サラダの味はさまざまに変化する。少なくとも酢を3種類、油を2種類揃えておけば、市販のドレッシングのバラエティーを超えた、無限の味が楽しめるだろう。

油と酢の割合は、油3対酢1というのがフランスの基本。日本のレシピでは多くが油2対酢1を採用しているが、好みでこの中間点を探ればよい。

塩は精製された食卓塩以外ならなんでもよいが、それよりも大事なのは塩を振るタイミングである。

レシピブックには、油と酢と塩を全部ボウルに入れ、よく攪拌して乳化させた（ドロリとなるまで一体化した）ものを、食卓に出す直前に野菜と和える……と書いてあるが、私はいい加減なので、まず油と酢をボトルから直接野菜の上に垂らしてしまう。最近は重さを測ってなるべく

3対1になるように心がけているが、目分量（というか手加減）だから、毎回微妙に割合が違うところが面白い。

今日はちょっと酸っぱいね。

もう少し油が少ないほうがいいかもね。

家庭料理に失敗はない。今日の会話が弾み、明日への希望が残るだけだ。

私は毎日夕食の準備をするとき、サラダに塩を振るのは、ほかの料理を全部つくり終わって温かい状態で食卓に出せるようにしてからである。食事開始の直前だが、塩を振ってから長いあいだ放置しておくとレタスから水分が出てベチャッとなってしまうからだ。

だからボウルの野菜に油と酢をかけてかき混ぜる段階までは早めに済ませておき、いったん油のついた手を洗ってからまた進行中の作業に戻り、全部の料理が出来上がった後に、ボウルの中の野菜に塩を振って、もう一度全体を手でよく混ぜるのだ。

で、そのまま野菜を手で持ち上げて用意しておいたガラス器に移し、再び油になってしまった手をきれいに洗ってから食卓に向かう。

ほかの料理が思い通りにできて、最後にサラダを持って食卓に向かうときの、晴れやかな気分は格別だ。

新鮮な野菜を、単純に食べる。人生の幸福ここに在り、と言ったら、たかがサラダ程度の人生か、と笑われるだろうか。

SALADE DE LAITUE

レタスのサラダ

INGREDIENTS

- **レタス**　好きなだけ
- **オイル**（オリーブオイル、グレープシードオイル、サラダオイルなど）
- **酢**（レモンなどの柑橘酢、米酢、バルサミコ酢など）
- **塩**　適量

METHODE

❶ レタスはまず指で押し回すようにして茎の根元を取り去り、それから全体を半分に手で割って、さらに食べやすい大きさに千切っていく。最初は全体を水で洗い、外側に汚れた葉があれば取り除くが、割った中の葉は洗う必要がない。ボウルに入れ、ほぐしておく

❷ 別の小さなボウルにオイルと酢を（重量を測りながら）3：1の割合で入れ、乳化するまでよくかき混ぜる。このときに、好みでフレンチマスタードを加える人もいる

❸ ❶のレタスに❷のドレッシングを加えて全体によく絡め、食卓に出す寸前に塩を振って、もう一度全体をよく絡めてからサラダボウルに盛り付ける

塩の量は、レタス100gに対して1g、という人もいるが、私はいつも目分量で、酢と油だけは辛うじて測っても、葉っぱまでは測ったことがないので分からない。現在は、岩塩でも海塩でも実にさまざまな種類の塩が売られており、辛さ（塩化ナトリウムの割合）にもそれぞれ違いがある。しかも、スケールで測ってみると1gというのは相当大きな違いで、1gから2gに目盛りが変わるまでに増える塩の量は想像以上である。だから、いつも自分が使っている塩で、どのくらい振ればどのくらいの辛さになるか、自分で「適量」を覚えるしか方法はないと思う。

昔は桑山だった里山の斜面に、
美味しいワインを生むブドウが実っている。
上はシャルドネ。左ページはメルローのヴェレゾン（色変わり）。
収穫の時期は9月中旬から10月後半だが、
温暖化の影響で毎年少しずつ早くなっている

ブドウ畑の１年の仕事は、真冬の剪定作業からスタートする。
左ページの畑の写真では背の低い太い幹から落葉した裸の枝が何本も上に伸びているが、
そのうちから翌年に果実を実らせる枝を１本だけ選んで残し、ほかの枝を切り捨てる作業を剪定という。
下の写真はブリューゲルの作品……ではない、
事務所の前の雪かき作業。雪が降った朝はまず雪かきから

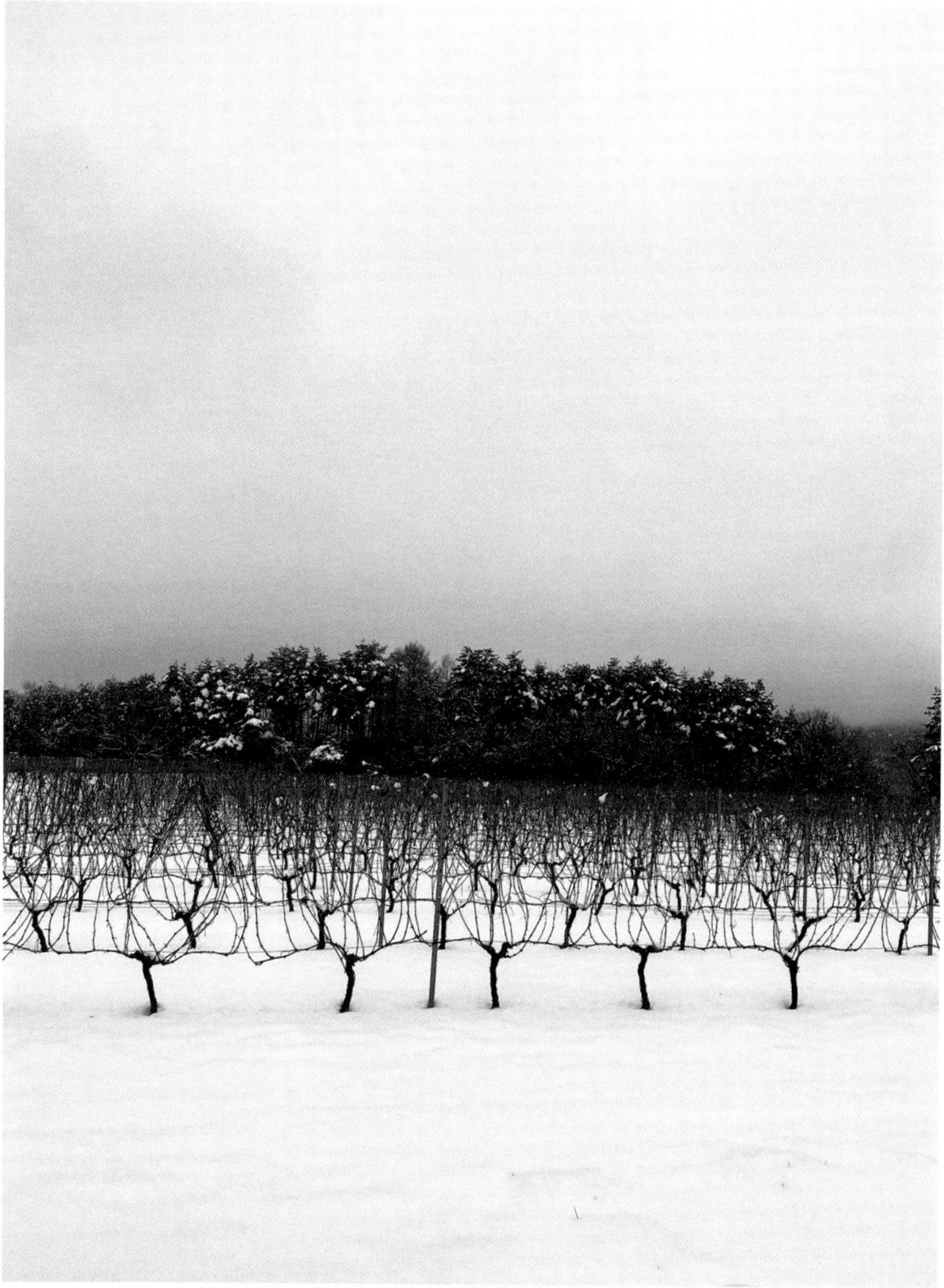

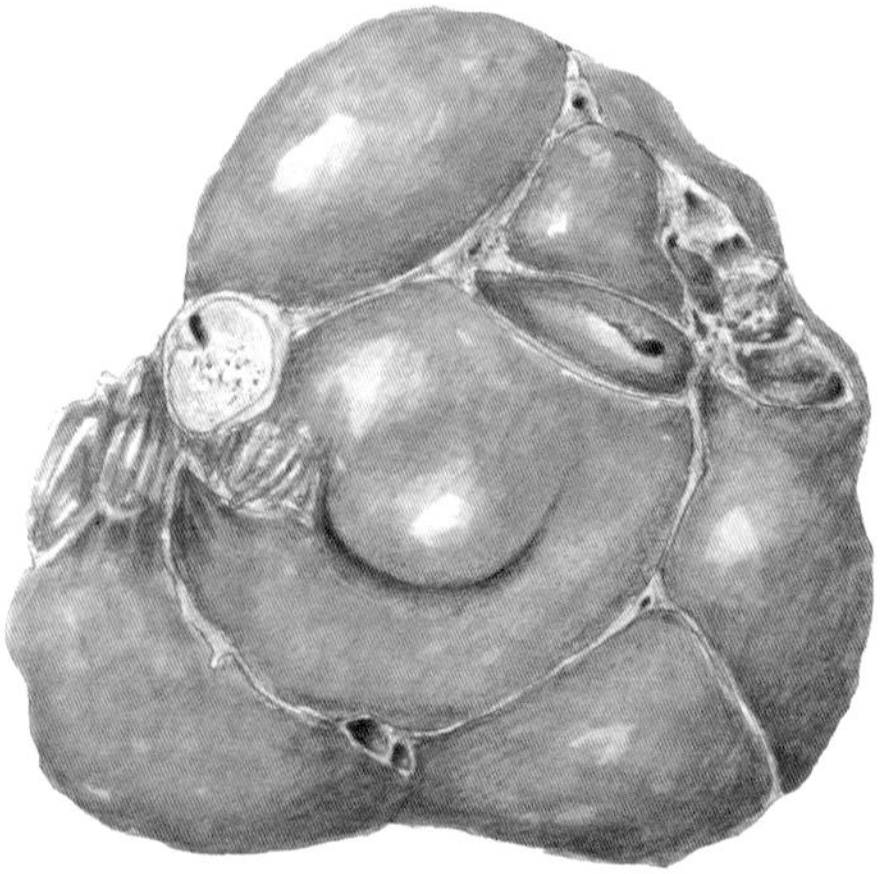

人面トマト（孤独な老人）

第6章　ワインは家で飲む

ワインのある食卓

私はフランスに留学してからワインを飲むようになった。いまから50年以上も前のことで、その頃の日本ではワインを飲む機会はほとんどなかった。まだ、みんなが赤玉ポートワインを本物のワインだと思っていた時代である。

フランスへ行ったら、誰もが当たり前にワインを飲んでいた。

当時のフランスはいまよりもワインの消費量がずっと多く、カフェのカウンターでは朝からトラックの運転手が一杯ひっかけていたし、ふつうの人でも、食事のときたっぷりワインを飲んだ後でクルマに乗り、高速道路を150キロで飛ばしても咎められない時代だった。

そういう人たちに混じって、私もワインを飲むことを覚えた。

パリでは市内に何カ所も大学食堂があって、安い値段で食事ができる。セルフサービスだが定食は前菜からデザートまで一通りのコースになっていて、会計に食事券を渡すとき、当時の値段でいくらだったか覚えていないが、何十円かを追加すればワインのクォーターボトルを買うことができた。187㎖だからグラス2杯分である。

街のカフェではカウンターでデミタスのコーヒー（エクスプレス＝エスプレッソ）を飲むのがいちばん安いのだが、ワインを小さなグラスで飲んでも同じくらいの値段だった。その頃はまだ「フランスでは水よりワインのほうが安い」という伝説が語られていたので、早速スーパーへ行って調べてみたら、水より安い……とまでは行かなかったが、白いペコペコのプラスチック容器に入った赤ワインがミネラルウォーターとほぼ同じ値段で売られていた。

学生だったから、アパートの部屋に帰ってからひとりでワインを飲むことはなかったが、7階にある屋根裏部屋まで続く螺旋階段を上る前に、階下にあるカフェで勢いをつけるために赤ワインを一杯飲むのが習慣になった。

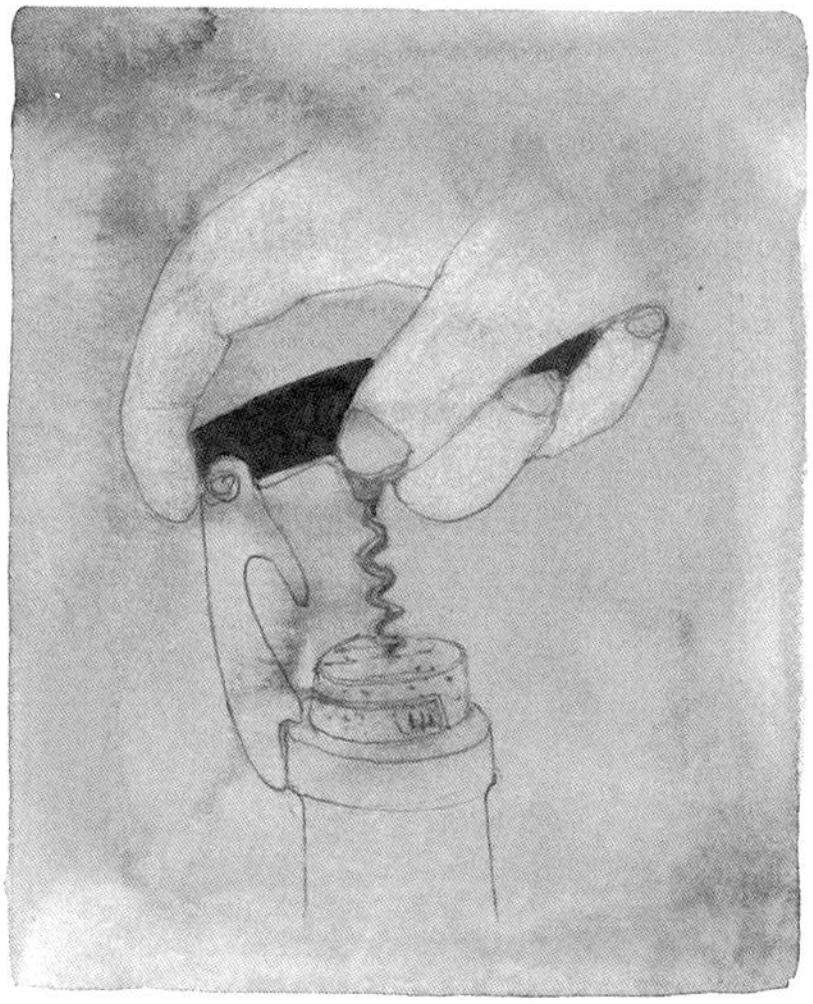

毎日同じカフェに顔を出していると、しだいに常連のような扱いになる。ある日、私が階下のカフェに入っていつもの席に座ると、注文をする前に顔見知りのギャルソンがやってきて、ムッシュー、いつものやつですね、と言って私の前に赤ワインのグラスを置いた。アン・プチ・ルージュ（小さな赤を一杯）。それが私の定番なのだが、そう言われるとうれしくなって、これでパリにも自分の居場所ができた、と感じたものだった。

こうして、フランス人に教わって、私はワインを毎日飲むようになった。
しかし、ワインを「学ぶ」ことはなかった。

カフェで「アン・プチ・ルージュ」を頼むときに見る黒板には、コート・デュ・ローヌ、ボージョレ、サンテミリオン……などという品種の名前と値段が記されていたからそのくらいの名前は覚えたが、銘柄がどうの、ヴィンテージがどうの、生産者がどうの……といったことには、一切興味が向かなかった。

私がフランスで過ごした2年間、知り合ったフランス人と食卓を囲んでワインを飲む機会も多かったが、食卓でワインに関するうんちく話が繰り広げられたという記憶はまったくない。

たしかに富裕層とか知的階級とか、高いワインを話題にしそうなクラスにはあまり縁がなく、学生の身分では付き合いの範囲も限られていたが、おそらく一般のフランス人はほとんどがそうなのではないかと思う。つまり、彼らは子供の頃から毎日ワインを飲む習慣がある家族の中で育てられているから、ワイン用のブドウにはどんな品種があって、どの地方にどんなワインがあるかなど、とくに学ばなくても基本的な知識は身についている。自分はどんなワインが好きかということも、自分がおカネを出して買うワインはどのくらいの予算の範囲かも、よく知っている。だから、それ以上の知識は必要ないのである。それ以上こまかいうんちくを競い合う

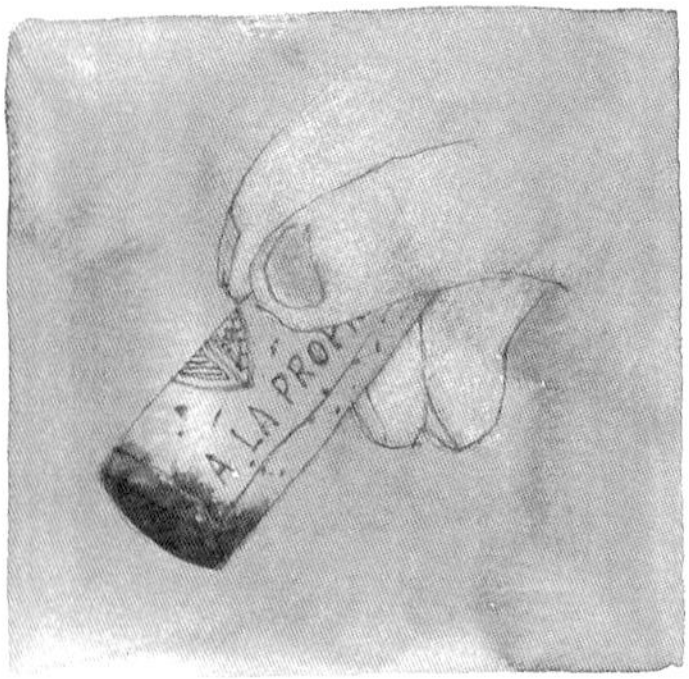

のは、「日常」を超えて「趣味」の世界に入った人たちの話である。

私は、ワインを学ぶことのないまま毎日ワインを飲み続け、58歳のときにワイナリーを立ち上げた。ワイナリーは今年20周年を迎えたが、私は相変わらず同じ調子で、ソムリエのような知識もテイスティング能力もないまま、ごく当たり前に毎日ワインを飲んでいる。

私は、ほとんど自宅でしか飲まない。近所の店で外食するときは、その店にあるハウスワインを飲む。イタリアンではイタリアのワイン、インド料理店ではインドのワイン。自宅から歩いて1分の場所にあるヴィラデストワイナリーのカフェでは当然ヴィラデストのワイン。もともとフランスやイタリアの田舎では、その地方でできるワインしか飲まないのがふつうである。

赤ワインしかできないところでは魚を食べるときも赤ワイン。白ワインしかできないところでは肉を食べるときも白ワイン。それでとくに疑問を感じることはなかった。最近はフランスでもワインの消費量が減り、週末だけ少し高級な銘柄を飲むような傾向があると聞くから多少事情が変わっているかもしれないが、私には昔ながらの飲みかたが好ましい。

たしかにワインには、ほかのあらゆる酒よりも、多くの情報やうんちくがついてまわる。ブドウのこと、産地のこと、生産者のこと、造りかた、飲みかた、味わいを表現する方法……知りはじめれば切りがなく、どこまで追求しても極められないほど深い奥行きがある。もちろんそれもワインの魅力のひとつなのだが、深い奥行きがあるからといって、入口が狭いわけではない。

ワインについてなにも知らなくても、ワインを飲むことはできるのだ。

ワインを知った人の中には、それをきっかけに興味をもって、ワインの勉強をはじめる人もいるだろう。もちろんそれもまたよしだが、一方で、ただひたすらワインを飲むことを愛し、ワインを囲んで過ごす時間を愛し、そこから奥の細道を探して入り込もうとするのではなく、広い入口のあたりをのんびり歩きまわるのも、ワインの大いなる楽しみではないか。

玉村豊男のフランス式一汁三菜。その一汁はワインである。

食事をするときにワインを飲む。ワインに合わせて料理を用意する必要はない。いつもの食卓に、無理のない範囲で買える値段のワインを1本置いて、飲んでみる。この本で紹介したような前菜なら、冷蔵庫で冷やした白ワインからはじめるのがよいだろう。

最初の1本が合わないと思ったら、別の1本に替えてみる。これを何回か繰り返せば、自分の好きなワインのタイプが見えてくる。その頃には、誰かから高級なワインをもらったときにそれを飲んでみると、さすが、高いワインは美味しいね、と分かるようになっている……けれども、かといってそれを自分で買おうとは思わず、またいつものワインに戻って満足する。

私は、そういう人たちといっしょにワインを飲みたい。

ワインは、酒場で飲んで酔うための酒ではない。家で食事をするとき、食卓の上に置いて、談笑しながら、酔わない程度に飲むものである。

ワインは、論評しながら飲むものではない。ワインのある食卓を囲んで、この日この場所で時間を共有していることを祝うために飲むものである。

歴史上のある一瞬、地球上のある一点で、たまたま同じ食卓を囲んでいるという奇跡。人だけではない、料理の材料になった動物や植物も、もちろんワインも、それぞれの過去を背負ってその食卓にたどり着いた。同じメンバーが再び集うことは永久にない。同じ会食者は集まれるかもしれないが、それだって、その日が最後の晩餐になるかもしれないのだ。

お酒を飲める人も、飲めない人も、飲まない人も、ワインのある食卓を愉快に楽しんでもらいたい。

おわりに

これまでレシピブックは5冊ほど出してきたが、エッセイより料理写真のほうが多い本は珍しく、料理の写真を全部自分で撮ったのは言うまでもなく初めてである。

写真はスマホで、すべて自然光で撮った。

つくる料理を決めるときから写真の構図を考え、セッティングを済ませてから料理に取りかかる。ひとりで過程写真を撮るのは難しいから、完成写真だけにした。

上がってきた写真を見ると、ピントも甘いし明るさも怪しい。やはりプロの写真とは決定的に違うことが分かって嘆息するが、今年78歳になった家庭料理人の自己記録としてお赦し願いたい。

文中『晩餐2』などとあるのは、既刊『毎日が最後の晩餐』2冊の中に関連の記述があることを意味している。タイトルは変えたが、本書は『晩餐』シリーズの3冊目に当たる。

仕事が少なくなった分だけ台所で過ごす時間が増え、この分で行くとトマト畑で倒れるより台所で倒れる可能性のほうが高いが、死ぬまでにもう1冊は同じようなレシピブックをつくりたいものだと考えている。

2023年　秋　　ワイナリーの「玉さんデッキ」でワインを飲みながら

イラスト　玉村豊男
撮影　玉村豊男&ヴィラデスト
デザイン　高橋　潤（カバー&本文）
校正　藤田晋也
編集　矢島美奈子（天夢人編集部）

森の中の散歩道をピノと歩く。
道端の白いものは、
雨に打たれたアカシアの花

玉村豊男の フランス式一汁三菜

二〇二三年一〇月一一日　初版第一刷発行

著　者　玉村豊男

発行人　藤岡 功
発　行　株式会社天夢人
〒一〇一-〇〇五一　東京都千代田区神田神保町一-一〇五
https://www.temjin-g.co.jp/

発　売　株式会社山と溪谷社
〒一〇一-〇〇五一　東京都千代田区神田神保町一-一〇五

印刷・製本　大日本印刷株式会社

⊙内容に関するお問合せ先
天夢人編集部　info@temjin-g.co.jp　電話〇三-六八三七-四六八〇
⊙乱丁・落丁に関するお問合せ先
山と溪谷社カスタマーセンター　service@yamakei.co.jp
⊙書店・取次様からのご注文先
山と溪谷社受注センター　電話〇四八-四五八-三四五五　FAX〇四八-四二一-〇五一三
⊙書店・取次様からのご注文以外のお問合せ先
eigyo@yamakei.co.jp

●定価はカバーに表示してあります。

Printed in Japan
ISBN978-4-635-82504-7